Christoph Kahle | Florian Zenger
Grundzüge des Rechts – Eine Einführung für Studierende der Sozialen Arbeit

Die Autoren

Prof. Dr. Christoph Kahle, Dipl.-Kfm., verfügt über eine langjährige Berufspraxis als Anwalt, Richter und Staatsanwalt mit engen Bezügen zur Sozialen Arbeit. Seit 2022 hat er die Professur »Soziale Arbeit in rechtlichen und administrativen Handlungskontexten« an der Technischen Hochschule Augsburg inne. Parallel ist er als Strafverteidiger tätig.

Rechtsanwalt und Fachanwalt für Strafrecht Prof. Dr. Florian Zenger, LL.M., war zunächst Jugendstaatsanwalt, bevor er in die Anwaltschaft wechselte. Er vertritt seitdem vorwiegend Mandate in den Bereichen Strafrecht, Familienrecht, Verwaltungsrecht und Sozialrecht. Er lehrt Straf- und Strafprozessrecht an der Hochschule für Polizei Baden-Württemberg.

MIX
Papier aus verantwortungsvollen Quellen
FSC® C089473

Dieses Buch ist erhältlich als:
ISBN 978-3-7799-7152-8 Print
ISBN 978-3-7799-7153-5 E-Book (PDF)
ISBN 978-3-7799-8107-7 E-Book (ePub)

1. Auflage 2024

in der Verlagsgruppe Beltz · Weinheim Basel
Werderstraße 10, 69469 Weinheim

Herstellung: Hanna Sachs
Satz: xerif, le-tex
Druck und Bindung: Beltz Grafische Betriebe, Bad Langensalza
Beltz Grafische Betriebe ist ein klimaneutrales Unternehmen (ID 15985–2104-100)
Printed in Germany

Weitere Informationen zu unseren Autor:innen und Titeln finden Sie unter: www.beltz.de

Inhalt

Vorwort 9

1. Einführung 10

- 1.1. Bedeutung des Rechts für die Soziale Arbeit 10
- 1.2. Rechtsnormen 11
  - 1.2.1. Unterteilung der Rechtsnormen 11
  - 1.2.2. Normenhierarchie 12
  - 1.2.3. Aufbau und Struktur von Rechtsnormen 13
  - 1.2.4. Das richtige Zitieren von Rechtsnormen 14
- 1.3. Rechtsgebiete 15
  - 1.3.1. Zivilrecht 15
  - 1.3.2. Öffentliches Recht 16
  - 1.3.3. Strafrecht 17
- 1.4. Methodik der Rechtswissenschaft 17
  - 1.4.1. Subsumtionstechnik 17
  - 1.4.2. Auslegung von Gesetzen 17
  - 1.4.3. Die juristische Fallbearbeitung 19
  - 1.4.4. Gutachtenstil und Urteilsstil 19

2. Zivilrecht 23

- 2.1. Allgemeines Zivilrecht / BGB 23
  - 2.1.1. Grundsätze und Prinzipien des Zivilrechts 23
  - 2.1.2. Aufbau des BGB 25
  - 2.1.3. Allgemeiner Teil des BGB 26
  - 2.1.4. Allgemeines Schuldrecht 35
  - 2.1.5. Schuldrecht Besonderer Teil 37
  - 2.1.6. Deliktsrecht 40
  - 2.1.7. Überblick über das Zivilprozessrecht 41
- 2.2. Arbeitsrecht 45
  - 2.2.1. Überblick Individual- und Kollektivarbeitsrecht 45
  - 2.2.2. Arbeitsvertragsrecht 46
  - 2.2.3. Form und Zustandekommen des Arbeitsvertrages 47
  - 2.2.4. Inhalt und Ausgestaltung des Arbeitsvertrages 47
  - 2.2.5. Beendigung des Arbeitsverhältnisses 50
  - 2.2.6. Arbeitsrechtsprozess 51
- 2.3. Familienrecht 52

2.3.1. Überblick und Grundbegriffe 52
2.3.2. Die Ehe bzw. Lebenspartnerschaft 52
2.3.3. Die faktische Lebensgemeinschaft 56
2.3.4. Unterhalt 57
2.3.5. Kindschaftsrecht 60
2.4. Betreuungsrecht 64
2.4.1. Voraussetzungen der Betreuung 64
2.4.2. Das Verfahren bis zur Betreuerbestellung 65
2.4.3. Das Betreuungsverhältnis 66
2.4.4. Aufhebung der Betreuung 67
2.4.5. Unterbringungsverfahren 67

3. Staatsorganisations- und Verfassungsrecht 69
3.1. Verfassungsprinzipien 69
3.1.1. Republikprinzip 70
3.1.2. Demokratieprinzip 70
3.1.3. Rechtsstaatsprinzip 73
3.1.4. Bundesstaatsprinzip 78
3.1.5. Sozialstaatsprinzip 79
3.2. Organisation des Staates 81
3.2.1. Gewaltenteilung 81
3.2.2. Die fünf obersten Bundesorgane 82
3.2.3. Unmittelbare und mittelbare Staatsverwaltung 84
3.2.4. Kommunale Selbstverwaltung 84
3.3. Grundrechte 85
3.3.1. Funktionen der Grundrechte 85
3.3.2. Prüfung von Grundrechten 86
3.3.3. Überblick über einzelne Grundrechte 89

4. Verwaltungs- und Sozialrecht 97
4.1. Allgemeines Verwaltungsrecht 97
4.1.1. Verwaltungshandeln 98
4.1.2. Verwaltungsprozessrecht 113
4.2. Sozialrecht 121
4.2.1. Überblick über die Bereiche des Sozialrechts 121
4.2.2. Sozialversicherungen 122
4.2.3. Soziale Entschädigung 125
4.2.4. Soziale Hilfe und Förderung 127

5. Strafrecht 131
5.1. Grundlagen des Strafrechts 131
5.1.1. Sinn und Zweck des Strafrechts 131

5.1.2. Grundprinzipien des Strafrechts 133
5.1.3. Der Tatbestand 134
5.1.4. Rechtswidrigkeit 135
5.1.5. Schuld 136
5.1.6. Versuchsdelikte 137
5.1.7. Unterlassensdelikte 137
5.1.8. Fahrlässigkeit 139
5.1.9. Täterschaft und Teilnahme 139
5.2. Ausgewählte Delikte 140
5.2.1. Tötungsdelikte 140
5.2.2. Körperverletzungsdelikte 141
5.2.3. Diebstahl und Unterschlagung 143
5.2.4. Betrug und Betrugsähnliche Delikte 145
5.2.5. Raubdelikte 148
5.2.6. Sexualdelikte 149
5.2.7. Betäubungsmitteldelikte 151
5.3. Strafrechtliche Sanktionen 152
5.3.1. Zweigliedrigkeit des Sanktionensystems 153
5.3.2. Freiheitstrafe 153
5.3.3. Aussetzung einer Freiheitsstrafe zur Bewährung 154
5.3.4. Geldstrafe 155
5.3.5. Nebenstrafen 156
5.3.6. Maßregeln der Besserung und Sicherung 156
5.4. Der Strafprozess 157
5.4.1. Grundsätze des Strafverfahrens 157
5.4.2. Verfahrensbeteiligte 159
5.4.3. Ermittlungsverfahren 160
5.4.4. Die Hauptverhandlung 163
5.4.5. Rechtsmittel und Rechtsbehelfe im Strafrecht 165
5.4.6. Opferschutz im Strafverfahren 166
5.5. Jugendstrafrecht 168
5.5.1. Anwendungsbereich des Jugendstrafrechts 169
5.5.2. Jugendstrafrechtliche Sanktionen 170
5.5.3. Prozessuale Besonderheiten im Jugendstrafrecht 172
5.5.4. Aufgaben der Jugendhilfe im Strafverfahren 172
5.6. Verhalten von Sozialarbeiter*innen im strafrechtlichen Kontext 173

Sachverzeichnis 175

Literaturverzeichnis 179

die Norm konkret besagt bzw. was der Gesetzgeber gewollt hätte, wenn er über den konkreten Fall, um den es geht, zu entscheiden hätte.

Grammatikalische Auslegung

Die erste und naheliegendste Auslegungsmethode ist die sog. grammatikalische Auslegung, auch als Wortlaut-Auslegung bezeichnet. Man versucht dabei zu klären, was der konkrete Wortlaut der Norm aussagt. Leider hilft diese Methode oft nicht viel weiter, da Normen häufig knapp und allgemein gefasst sind und der Wortlaut meist verschiedene Auslegungen zulässt.

Historische Auslegung

Die historische Auslegung versucht zu ergründen, was sich der Gesetzgeber bei Erlass der Norm gedacht hat. Rufen wir also z. B. einfach beim Bundestag an und fragen nach? Selbstverständlich nicht. Erstens könnte man sich die Gesetze gleich sparen, wenn man in jedem Einzelfall doch eine Anfrage an den Gesetzgeber stellen würde – mal ganz abgesehen davon, dass der die Flut von Anfragen gar nicht bewältigen könnte. Und zweitens sind natürlich nicht alle Gesetze, die derzeit gelten, auch von aktuellen Parlamenten beschlossen worden. Die meisten Vorschriften sind schon älter, teils sogar sehr alt. Das BGB z. B. wurde in seiner ursprünglichen Form im Jahr 1900 erlassen und viele seiner Paragraphen existieren seitdem unverändert. Von den damaligen Reichstagsabgeordneten dürfte keiner mehr leben. Also muss man auf einem anderen Weg herausfinden, was der Gesetzgeber sich beim Erlass der Norm gedacht und was er damit bezweckt hat. Bei der Rekonstruktion dieses „gesetzgeberischen Willens" kann die Gesetzgebungsgeschichte helfen, die oft recht genau dokumentiert ist, etwa in Form von Gesetzesentwürfen und Protokollen der Debatten im Parlament. Häufig lässt auch der politische Kontext, in dem ein Gesetz erlassen wurde, Rückschlüsse zu.

Systematische Auslegung

Ein einzelner Paragraph oder Artikel eines Gesetzes steht nicht für sich, sondern im Kontext anderer Einzelnormen. Wenn man also die Vorschrift, die man auslegen möchte, im Zusammenhang mit anderen Normen betrachtet, kann man daraus Rückschlüsse ziehen, wie sie zu verstehen ist und was sie für den konkret zu lösenden Fall bedeutet.

Teleologische Auslegung

Bei vielen Gesetzen ist recht klar, was der Gesetzgeber grundsätzlich damit bezweckt hat. Das kann bei der Auslegung einer Einzelnorm helfen, nämlich indem man sie so versteht, dass sie diesem Zweck am besten entspricht. Bei dieser Methode spricht man von der sog. teleologischen Auslegung (von griechisch „telos" = Zweck).

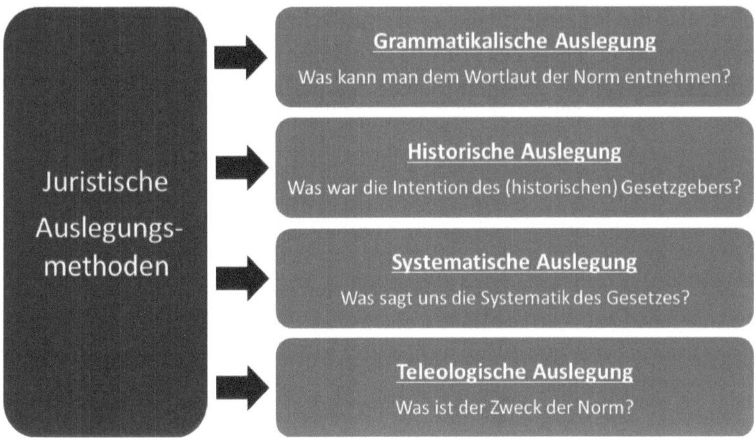

1.4.3. Die juristische Fallbearbeitung

Wenn eine Juraklausur ansteht, müssen Sie damit rechnen, dass nicht nur reines Wissen abgefragt wird, sondern dass Sie einen Fall bearbeiten sollen, so wie wir es oben beschrieben haben. Die Klausuraufgabe besteht also darin, dass Ihnen ein Sachverhalt geschildert wird und Sie aufgefordert werden, diesen Sachverhalt rechtlich zu bewerten. Die Frage kann etwa lauten, ob die Person A aus dem Sachverhalt einen rechtlichen Anspruch gegen die Person B oder gegen die Behörde C hat, ob und wie sich jemand strafbar gemacht hat oder ob ein bestimmtes Rechtsmittel gegen eine Entscheidung Aussicht auf Erfolg hat oder nicht.

Wichtig ist bei der Lösung nicht in erster Linie das Ergebnis, denn häufig gibt es bei juristischen Fragestellungen mehrere „vertretbare" Ergebnisse. Vielmehr kommt es darauf an, dass in gut strukturierter Form anhand des konkreten Falls unter Anwendung der einschlägigen Normen argumentiert wird.

1.4.4. Gutachtenstil und Urteilsstil

Um eine solche gut strukturierte Lösung zu präsentieren, gibt es in der juristischen Fallbearbeitung zwei Darstellungsweisen: den Gutachtenstil und den Urteilsstil. In der Regel wird von Ihnen erwartet, dass Sie den Gutachtenstil verwenden. Dieser mag sich zunächst etwas ungewohnt und umständlich anfühlen, hilft aber dabei, eine saubere juristische Prüfung durchzuführen.

den kann, z. B. kann bei einem Verkauf von einem Unternehmer an einen Verbraucher die Gewährleistung nicht ausgeschlossen werden, selbst wenn der Verbraucher dies möchte und dafür einen erheblichen Preisnachlass bekommen würde. Solche Regelungen, von denen nicht abgewichen werden kann, nennt man zwingendes Recht oder „nicht abdingbares" Recht. Ein anderes Beispiel für eine nicht abdingbare Regelung wäre das oben erwähnte Verbot von sittenwidrigen Vereinbarungen.

Ein weiterer wichtiger Grundsatz besagt, dass Vereinbarungen, die man mit anderen Personen getroffen hat, auch einzuhalten sind. Gebräuchlich ist hierfür die Verwendung des lateinischen Ausdrucks „pacta sunt servanda" – „Verträge sind einzuhalten". Als Verbraucher steht Ihnen heutzutage zwar bei vielen Verträgen ein bedingungsloses Widerrufsrecht zu, das ist im Zivilrecht aber die Ausnahme. Wenn Sie einer anderen Person etwas zusagen, sind Sie in der Regel auch verpflichtet, diese Zusage einzuhalten.

Etwas komplizierter zu verstehen ist das sogenannte Abstraktions- und Trennungsprinzip. Im deutschen Zivilrecht wird unterschieden zwischen Vereinbarungen, mit denen eine Verpflichtung eingegangen wird („Verpflichtungsgeschäft" oder „schuldrechtliches Geschäft") und Vereinbarungen, die der Erfüllung einer solchen Verpflichtung dienen („Erfüllungsgeschäft" oder „dingliches Geschäft"). Diese Unterscheidung kann im Alltag etwas künstlich und lebensfremd wirken:

Beispiel

A kauft bei Bäcker B eine belegte Semmel für zwei Euro. Wie viele Verträge werden dabei abgeschlossen?

Die richtige Antwort lautet: drei. A und B schließen erst einen Kaufvertrag über die Semmel. Das ist das Verpflichtungsgeschäft, mit dem sich A zur Zahlung von zwei Euro verpflichtet und B zur Übergabe der Semmel. Anschließend schließen A und B jeweils einen Vertrag über die Übereignung der Semmel und über die Übereignung der zwei Euro. Diese Verträge zur Übereignung kommen dann „konkludent" zustande, das bedeutet, ohne Worte nur durch ein entsprechendes Handeln (A übergibt B das Geld, B übergibt A die Semmel).

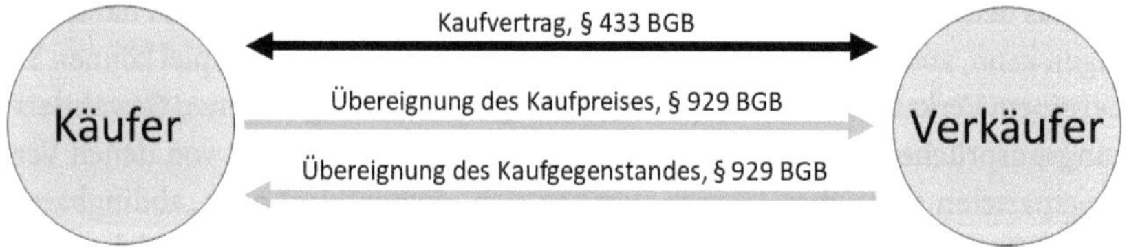

Für Jurist*innen ist das ein ganz wichtiger Grundsatz und bei komplexeren Transaktionen ist diese Konstruktion sehr hilfreich.

Beispiel

Die flinke Diebin Dora stiehlt dem vergnügten Touristen Theo dessen iPhone. Anschließend verkauft sie das iPhone im Internet an den ahnungslosen Käufer Konrad. Dieser überweist Dora den Kaufpreis, die ihm daraufhin das iPhone zusendet.

Wem gehört das iPhone? Ist ein wirksamer Kaufvertrag zustande gekommen?

Hier steht das iPhone unverändert im Eigentum von Theo. Da Dora das Telefon gestohlen hatte, ist der Vertrag zwischen Dora und Konrad zur Übereignung des iPhone unwirksam. Diese Unwirksamkeit des Erfüllungsgeschäfts berührt aufgrund des Abstraktions- und Trennungsprinzips aber nicht die Wirksamkeit des Kaufvertrags. Konrad kann also weiterhin ein iPhone von Dora verlangen oder Gewährleistungsansprüche (z. B. Schadensersatz) aus dem Kaufvertrag gegen Dora geltend machen.

2.1.2. Aufbau des BGB

Das allgemeine Zivilrecht ist im Bürgerlichen Gesetzbuch, dem BGB geregelt. Man spricht daher auch vom bürgerlichen Recht. Das BGB wurde im Jahr 1903 eingeführt und viele Regelungen sind bis heute unverändert enthalten.

Häufig finden Sie Paragraphen, die mit kleinen Buchstaben versehen sind, z. B. die Regelungen zum Pauschalreiserecht (§ 651a BGB f.). Der Grund dafür ist, dass mit der Zeit immer neue Regelungen hinzugekommen sind. Um nicht jedes Mal alle nachfolgenden Paragraphen neu zu nummerieren, ist es üblich, die neuen Paragraphen mit kleinen Buchstaben einzufügen.

Exkurs: Unterschiedliche Regelungstechniken im BGB

Lesen Sie zum Vergleich die Paragrafen § 242 BGB und § 651a BGB. Fallen Ihnen die Unterschiede im Stil auf? Die ursprünglichen Normen des BGB sind eher kurz und knapp gehalten und lassen den Gerichten viel Freiraum bei der Auslegung. Heute gehen viele Normen auf europäische Richtlinien zurück und treffen detaillierte Regelungen, die weniger Spielraum bei der Auslegung lassen. Dadurch sind die Normen viel länger, es dient aber der Vereinheitlichung des Rechts in den Mitgliedsstaaten der EU.

Das bürgerliche Recht teilt sich auf in einen allgemeinen und einen besonderen Teil.

Im allgemeinen Teil sind grundlegende, für alle zivilrechtlichen Gebiete geltende Regeln enthalten. Dort ist z. B. geregelt, ab welchem Alter man zivilrechtlich wirksam Erklärungen abgeben kann. In dem Teil „Allgemeines Schuldrecht“ finden sich Regeln, die für alle Arten von Verträgen gelten, die eine Verpflichtung zum Inhalt haben (im Gegensatz zu den dinglichen Verträgen, siehe dazu oben den Absatz zum Abstraktions- und Trennungsprinzip). Das „Besondere Schuldrecht“ enthält Bestimmungen zu einzelnen speziellen Vertragstypen, etwa dem Kaufvertrag. Im Teil „Sachenrecht“ sind das Eigentum an beweglichen Sachen (körperliche Gegenstände) und unbeweglichen Sachen (Immobilien) geregelt. Schließlich ist im BGB noch das Familienrecht einschließlich des Betreuungsrechts und das Erbrecht geregelt.

2.1.3. Allgemeiner Teil des BGB

Personen im Recht

Haben Sie schon von „Reichsbürgern“ gehört? Dazu zählen unter anderem einige Personen, die der Meinung sind, sie hätten ein eigenes „Königreich Deutschland“ gegründet. Könnten Sie mit diesem „Königreich“ einen Vertrag abschließen? Die Antwort darauf ist gar nicht so einfach, wie es vielleicht scheint.

Ob jemand Verträge abschließen, Ansprüche geltend machen oder eine Erbschaft annehmen kann, hängt von der Rechtsfähigkeit ab. Rechtsfähig sind in Deutschland nur Personen. Dabei wird unterschieden zwischen natürlichen Personen, das sind alle Menschen, und juristischen Personen, also z. B. Vereinen oder Kapitalgesellschaften wie GmbH und Aktiengesellschaft. Rechtsfähig sind auch Personengesellschaften wie die Gesellschaft bürgerlichen Rechts (GbR) oder die Kommanditgesellschaft. Das bedeutet im Umkehrschluss, dass Sie in Deutschland z. B. Ihrem Haustier nichts vererben können, weil Tiere zivilrechtlich betrachtet nicht rechtsfähig sind.

Die Rechtsfähigkeit von Menschen beginnt mit Vollendung der Geburt (§ 1 BGB) und endet mit dem Tod (§ 1922 BGB). Bei den meisten juristischen Personen kommt es für den Beginn der Rechtsfähigkeit auf den Abschluss des Gesellschaftsvertrags an, teilweise entsteht die Rechtsfähigkeit erst mit der Eintragung in ein Register (Vereinsregister oder Handelsregister, siehe z. B. § 21 BGB). Sie endet mit der Auflösung oder Insolvenz der Gesellschaft oder der Entziehung

In Bezug auf unseren Ausgangsfall bedeutet das, dass ein fiktives Königreich grundsätzlich nicht rechtsfähig ist. Das vermeintliche Staatsoberhaupt des fiktiven Königreichs ist aber als normaler Mensch rechtsfähig und könnte wirksam Verträge abschließen. Wenn sich mehrere Personen zur Gründung des fiktiven

Königsreichs zusammentun und dafür z. B. gemeinsam ein Grundstück erwerben, könnte unter Umständen zivilrechtlich sogar von einer Gesellschaft bürgerlichen Rechts auszugehen sein, mit der man Verträge abschließen könnte. Statt eines Königreichs wäre rechtlich gesehen eine Personengesellschaft gegründet worden.

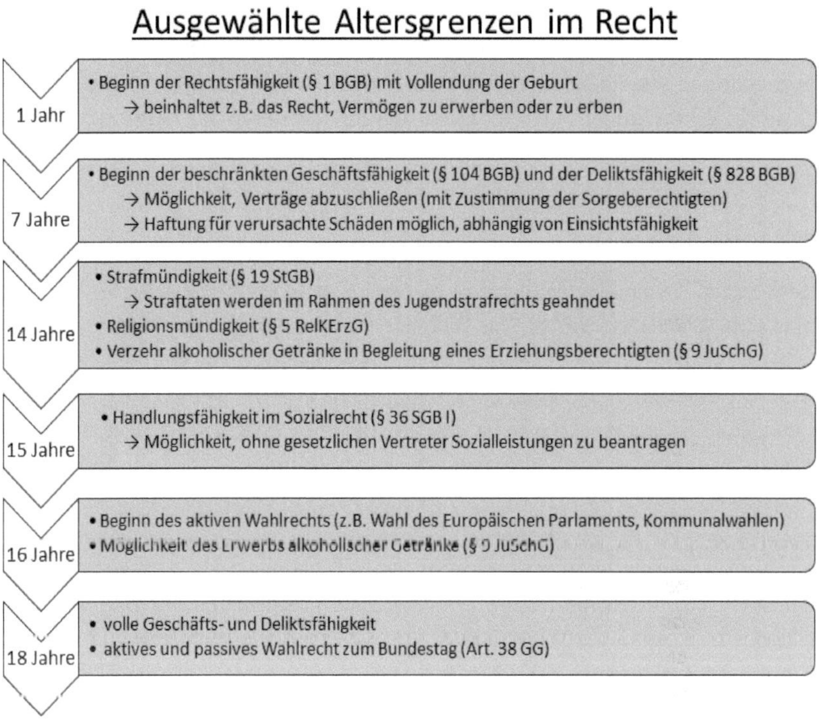

Geschäftsfähigkeit

In der Sozialen Arbeit arbeiten Sie später vielleicht mit minderjährigen Klient*innen. Es kann auch sein, dass Sie Personen beraten, die z. B. aufgrund einer Demenz oder anderer psychischer Erkrankungen nur noch eingeschränkt fähig sind, Entscheidungen zu treffen. Daher ist es wichtig zu wissen, wann Menschen überhaupt zivilrechtlich „geschäftsfähig“ sind, also rechtlich verbindliche Erklärungen abgeben und Verträge abschließen können.

Für Kinder und Jugendliche sieht das BGB vor, dass sie bis sechs Jahren geschäftsunfähig sind. Bis zu diesem Alter können Kinder keine rechtlich bindenden Erklärungen abgeben. Ab sechs Jahren sind Kinder und Jugendliche „beschränkt geschäftsfähig“. Was das genau bedeutet, sehen wir uns gleich näher an. Mit Vollendung des 18. Lebensjahres gelten Menschen in Deutschland als voll geschäftsfähig und können alle Arten von Verträgen wirksam abschließen.

Bei all diesen Altersgrenzen kommt es allein auf das tatsächliche Alter an. Es gibt keine Ausnahmen für besonders einsichtsfähige oder „hochbegabte Wunderkinder". Das dient der Rechtssicherheit. Es reicht damit grundsätzlich, sich den Ausweis einer Person vorlegen zu lassen, um beurteilen zu können, ob die Person geschäftsfähig ist oder nicht.

Warum müssen wir hier einschränkend „grundsätzlich" schreiben? Weil es die oben schon angesprochenen Fälle gibt, in denen Menschen z. B. aufgrund von psychischen Erkrankungen nicht oder nur beschränkt geschäftsfähig sind, obwohl sie erwachsen sind.

Willenserklärungen

Den Begriff „Willenserklärung" kennen Sie vielleicht schon. Aber wofür benötigt man eine Willenserklärung? Eine Willenserklärung wird im juristischen Bereich definiert als jede Willensäußerung, die auf eine bestimmte Rechtsfolge gerichtet ist. Das Verständnis der Willenserklärung ist so wichtig, weil sie der Ausgangspunkt für alle Rechtsgeschäfte ist. Egal ob Sie einen Mietvertrag über ihre großzügige Traumwohnung abschließen, einen Antrag auf BAföG stellen oder den Onlinekauf von Schuhen widerrufen, jedes Mal geht es um eine Willensäußerung, die auf eine Rechtsfolge gerichtet ist.

Was passiert nun, wenn es dabei zu Irrtümern oder Missverständnissen kommt? Dabei muss unterschieden werden zwischen dem objektiven und subjektiven Tatbestand der Willenserklärung. Der objektive Tatbestand ist das, was für andere Personen als Erklärung sichtbar ist. Man spricht hier auch vom objektiven Erklärungstatbestand. Dem gegenüber steht der subjektive Tatbestand. Das ist der innere Wille der erklärenden Person, der für außenstehende Personen nicht sichtbar ist. Dabei kann nochmal unterschieden werden zwischen dem Handlungswillen, also dem Willen überhaupt eine nach außen sichtbare Handlung vorzunehmen, und dem Rechtsbindungs- und Geschäftswillen, d. h. dem Willen, eine rechtlich bindende Erklärung abzugeben und eine bestimmte Rechtsfolge herbeizuführen. Am Handlungswillen fehlt es etwa, wenn jemand im Schlaf laut spricht oder sich lediglich aufgrund eines Reflexes bewegt. Eine Erklärung, die ohne Handlungswillen abgegeben wurde, ist in aller Regel nichtig.

Gibt jemand hingegen bewusst eine Erklärung ab, irrt sich aber darüber, was für ein Geschäft er mit der Erklärung abschließt (z. B. weil er sich verschreibt oder verspricht), so handelt es sich um einen Fall des fehlenden Geschäftswillens. Eine solche Willenserklärung ist in der Regel wirksam, kann aber angefochten werden.

Beispiel

Sie befinden sich bei einer öffentlichen Versteigerung, bei der Gebote durch Handzeichen abgegeben werden. Sie wollen nicht mitbieten, sondern warten nur auf eine Freundin. Als Sie Ihre Freundin sehen, heben Sie Ihre Hand und winken Ihrer Freundin zu. Der Auktionator versteht Ihre Geste so, dass Sie ein Gebot abgeben wollten und erteilt Ihnen den Zuschlag.

Lösung: Sie haben bewusst die Hand gehoben und damit Handlungswillen gehabt. Allerdings fehlte es Ihnen in dieser Situation am Rechtsbindungs- bzw. Geschäftswillen, weil Sie gar kein Gebot abgeben wollten. Daher können Sie Ihre Erklärung nach § 119 Abs. 1 BGB anfechten.

Der objektive Erklärungstatbestand ist durch Auslegung zu ermitteln. Bei Willenserklärungen, die gegenüber einer anderen Person abgegeben werden, was beim Abschluss von Verträgen der Regelfall ist, erfolgt die Auslegung aus Sicht einer „objektiven Empfänger*in“. Stellen Sie sich vor, Sie würden zwei Personen dabei beobachten und zuhören, wie diese miteinander verhandeln. In diesem Moment wären Sie eine neutrale Person, könnten also die Erklärungen der Personen „objektiv“ einordnen. Aus einer solchen Sichtweise erfolgt die Auslegung von Willenserklärungen. Das bedeutet, man stellt sich eine neutrale Person vor, die das Gesamtgeschehen beobachtet, und fragt sich, wie diese neutrale Person die entsprechende Erklärung bewerten würde. Es kommt bei der Auslegung der Willenserklärung nicht darauf an, was die handelnden Personen gerade denken, das wäre dann vielmehr eine Frage des subjektiven Tatbestands bzw. eine Frage der Anfechtbarkeit der Willenserklärung.

Beispiel

Lisa hat einen von Ironie geprägten Humor, den meistens nur Menschen verstehen, die Lisa besser kennen. Bei einer Vernissage mit Gemälden, die Lisa für grob dilettantisch und daher völlig wertlos hält, erklärt sie gegenüber dem Künstler in ernstem Ton, dass sie alle seine Gemälde großartig fände und das teuerste Gemälde zum angegebenen Preis kaufen möchte. Der Künstler stimmt freudig zu. Später stellt sich heraus, dass Lisa ihr Angebot nur ironisch gemeint hatte.

Lösung: Da die Ironie aus Sicht eines neutralen Beobachters („objektiver Empfänger“) nicht erkennbar war, ist die Erklärung von Lisa dahingehend auszulegen, dass sie ein verbindliches Angebot zum Kauf des teuersten Gemäldes abgegeben hat. In subjektiver Hinsicht handelte sie jedoch ohne Rechtsbindungswillen, weil das Angebot nur scherzhaft gemeint war. Die Willenserklärung ist im Ergebnis grundsätzlich wirksam, Lisa kann die Erklärung jedoch gem. § 119 Abs. 1 BGB anfechten.

Eine vorgeschriebene Form gibt es für Willenserklärungen nicht. Sie können rechtsverbindliche Erklärungen ausdrücklich abgeben, z. B. mündlich oder schriftlich. Ebenso können Sie eine rechtsverbindliche Erklärung stillschweigend durch ein Verhalten abgeben, dass den Schluss zulässt, dass Sie eine verbindliche Erklärung abgeben wollten (das nennt man auch „konkludentes" oder „schlüssiges" Handeln). Ein Beispiel dafür haben wir zuvor bereits angesprochen, nämlich die Abgabe eines Gebots bei einer Versteigerung durch ein bloßes Handzeichen. Durch das Heben der Hand geben Sie in diesem Fall zu erkennen, dass Sie ein Gebot abgeben möchten, obwohl Sie das in diesem Moment gar nicht ausdrücklich sagen. Ein weiteres alltägliches Beispiel wäre ein Einkauf im Supermarkt, bei dem häufig außer einer formelhaften Begrüßung keine Kommunikation stattfindet. Der Kaufvertrag kommt stillschweigend dadurch zustande, dass Sie die Waren auf das Band legen und die kassierende Person Ihnen die Waren berechnet.

Wichtig ist allerdings, dass ein bloßes Schweigen keine Willenserklärung darstellt. Wenn Ihnen jemand ein Vertragsangebot macht und Sie darauf nicht reagieren, kann Ihr Schweigen nicht als Annahmeerklärung ausgelegt werden. Es muss stets irgendeine Art von Handlung vorliegen, die als Erklärung ausgelegt werden kann. Ausnahmen von diesem Grundsatz gibt es im kaufmännischen Verkehr oder wenn Sie in einem Rahmenvertrag einer Klausel zugestimmt haben, die für ein Schweigen eine Rechtsfolge vorsieht. Letzteres kennen Sie vielleicht von Zeitschriften- oder anderen Abonnementverträgen. Bei derartigen Verträgen finden sich oft Bestimmungen, nach denen sich der Vertrag automatisch verlängert, wenn nicht innerhalb einer bestimmten Frist gekündigt wird, oder nach denen eine Änderung des Vertrags als akzeptiert gilt, wenn nicht innerhalb einer Frist widersprochen wird.

Stellvertretung

Wir haben soeben besprochen, wie Verträge zustande kommen. Nämlich durch zwei übereinstimmende Willenserklärungen, Angebot und Annahme.

Aber wie kann dann eine juristische Person, etwa eine GmbH, die selbst keine Erklärungen abgeben kann, einen Vertrag schließen? Ist es möglich, dass eine Person für eine andere einen Vertrag abschließt?

Die Antwort auf die letzte Frage ist „Ja", dafür gibt es die sogenannte Stellvertretung (§ 164 BGB). Eine Stellvertretung setzt voraus, dass der Vertreter eine eigene Willenserklärung im Namen der vertretenen Person abgibt und für die Abgabe dieser Erklärung „Vertretungsmacht" hat, d. h. dass er befugt ist, die Erklärung für den Vertretenen abzugeben.

Stellvertretung gem. § 164 BGB

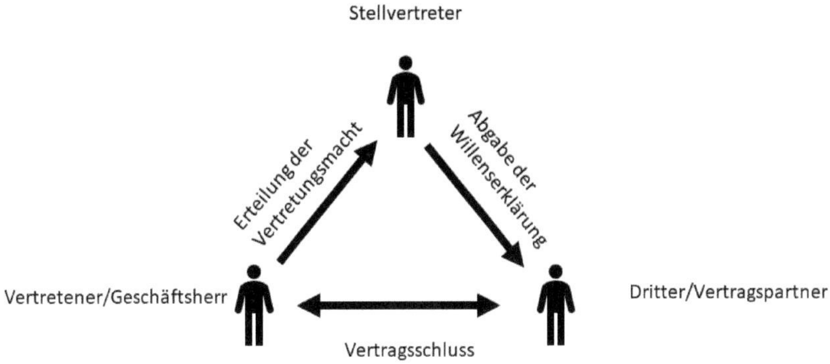

Der Stellvertreter erhält von dem Vertretenen eine Vollmacht. Die Erteilung der Vollmacht stellt selbst wiederum eine Willenserklärung dar und ist an keine Form gebunden, kann also jederzeit mündlich, per WhatsApp oder auch konkludent erteilt werden.

Wenn der Stellvertreter im Rahmen dieser Vollmacht eine eigene Erklärung gegenüber der Vertragspartner*in abgibt und dabei offenlegt, dass er für die vertretene Person handelt (sog. Offenkundigkeitsprinzip), dann kommt der Vertrag zwischen dem Vertretenen und der Vertragspartner*in zustande.

Juristische Personen handeln ausschließlich durch eine solche Stellvertretung. Die Vertretungsmacht ergibt sich für Geschäftsführer (bei der GmbH) oder Vorstände (bei der AG) aus dem Gesetz. Diese vom Gesetz vorgesehenen Vertreter der Gesellschaft können wiederum weiteren Personen Untervollmachten erteilen. Wenn Sie später als Sozialpädagog*in bei einem freien Träger angestellt sind und auf Anweisung Ihrer Geschäftsführer*in Büromaterial für den Betrieb bestellen, dann handeln sie als Vertreter für das Unternehmen, für das Sie arbeiten.

Das Handeln in Vertretung ist daher vor allem im Arbeitsleben weit verbreitet. Es hat aber auch gewisse Risiken. Als Vertreter*in sollte man sehr darauf achten, das Handeln in Vertretung klar zu kommunizieren und sich zu vergewissern, dass man hinreichend bevollmächtigt ist. Ansonsten besteht die Gefahr einer persönlichen Haftung.

Was passiert nämlich, wenn der Vertreter es vergisst, die Vertretung offenzulegen? In diesem Fall kommt der Vertrag nicht mit der vertretenen Person, sondern direkt mit dem Vertreter zustande. Das ist eine logische Folge aus dem oben erläuterten Prinzip, dass Willenserklärungen aus Sicht eines objektiven Empfängers ausgelegt werden. Wenn der Vertreter nicht zu erkennen gibt, dass er für jemand anders handeln will, so sieht das für einen objektive Empfänger so aus,

Schadensersatzansprüche

Verletzt eine Vertragspartei eine Pflicht aus dem Vertrag, können daraus Schadensersatzansprüche resultieren (§§ 280 ff. BGB). Alle vertraglichen Schadensersatzansprüche setzen voraus, dass ein Vertragsverhältnis besteht, eine Pflicht aus dem Vertrag schuldhaft verletzt wurde und dadurch ein Schaden entstanden ist (§ 280 Abs. 1 BGB). Schuldhaft bedeutet gem. § 276 BGB, dass vorsätzlich oder fahrlässig gehandelt wurde. Dabei reicht es auch, wenn nicht der Vertragspartner selbst, sondern ein Mitarbeiter oder sonstiger Gehilfe des Vertragspartners den Schaden verursacht hat (§ 278 BGB).

Bei den Schadensersatzansprüchen wird wie oben zwischen einer Verletzung der Hauptleistungspflicht und einer Verletzung einer Nebenleistungspflicht unterschieden. Wird die Hauptleistung nicht oder nicht ordnungsgemäß erbracht, kann „Schadensersatz statt der Leistung" geltend gemacht werden. Hierfür bedarf es in der Regel zuvor einer Fristsetzung, damit dem Vertragspartner noch einmal die Chance gegeben wird, die Leistung vertragsgemäß zu erbringen.

Bei Schäden, die aus einer Verletzung von Nebenpflichten resultieren, spricht man von „Schadensersatz neben der Leistung". Hier bedarf es regelmäßig keiner Fristsetzung.

In der Praxis gestaltet sich die Durchsetzung von Schadensersatzansprüchen mitunter als schwierig. Der Grund dafür ist die Beweislast. Die Person, die den Schadensersatzanspruch geltend macht, muss alle anspruchsbegründenden Tatsachen beweisen, insbesondere dass eine Pflichtverletzung vorliegt und diese den Schaden verursacht hat. Lediglich beim Verschulden gewährt das Gesetz bei vertraglichen Schadensersatzansprüchen eine Beweiserleichterung. Kann die Pflichtverletzung bewiesen werden, wird nämlich gesetzlich vermutet, dass diese durch die andere Vertragspartei schuldhaft herbeigeführt wurde. Es müsste dann wiederum die andere Partei beweisen, dass sie kein Verschulden trifft.

Beispiel

P arbeitet bei einem freien Träger, dem „Karo e.V.", in der Suchtberatung und berät dort die prominente Tennisspielerin H. Auf einer Party erzählt P von den Suchtproblemen von H, woraufhin diese erstmalig öffentlich werden und H einen Werbevertrag über eine Million Euro verliert.

Lösung: Hier kann H von dem Karo e.V. Schadensersatz verlangen, weil zwischen beiden ein Beratungsvertrag bestand und der Karo e.V. durch seine Mitarbeiterin P und deren Indiskretion gegen eine Nebenpflicht, nämlich die Vertraulichkeit privater Informationen, verstoßen hat.

Für die Art und die Höhe des Schadensersatzanspruchs sind die Prinzipien der „Naturalrestitution“ und der „Differenzhypothese“ in § 249 BGB maßgeblich.

Naturalrestitution bedeutet, dass grundsätzlich der Zustand wiederhergestellt werden muss, der ohne das schädigende Ereignis bestand. Das bedeutet, dass es ein Recht auf Reparatur oder Wiederbeschaffung gibt, selbst wenn die Kosten dafür höher sind als der wirtschaftlich entstandene Schaden. Nur wenn eine Wiederherstellung des vorherigen Zustands nicht mehr möglich ist, ist zwingend eine Entschädigung in Geld zu leisten (§ 251 Abs. 1 BGB).

Die Differenzhypothese (auch Differenzmethode genannt) bedeutet, dass zur „Berechnung“ des Schadens der Zustand vor dem schädigenden Ereignis mit dem Zustand nach dem schädigenden Ereignis verglichen wird. Die sich ergebende „Differenz“ stellt dann den relevanten Schaden dar.

Wendet man diese Prinzipien auf unser vorheriges Fallbeispiel an, wäre der Karo e.V. nach dem Prinzip der Naturalrestitution eigentlich verpflichtet, H wieder ihren Werbevertrag zu verschaffen. Weil das aber durch den entstandenen Imageschaden unmöglich geworden ist, kommt nur eine Entschädigung in Geld in Betracht. Betrachtet man den Zustand vor dem schädigenden Ereignis (der Bekanntgabe der Suchterkrankung) und dem Zustand danach, ist festzustellen, dass H einen Vertrag im Wert von einer Million verloren hat. Es ergibt sich also nach der Differenzmethode ein Schadensersatzanspruch in Höhe von einer Million Euro.

2.1.5. Schuldrecht Besonderer Teil

Sie werden in Ihrer späteren Arbeit mit allen möglichen Verträgen Ihrer Klient*innen konfrontiert werden. Besonders relevant, und häufig auch emotional, sind dabei Mietverträge über Wohnraum. Vor allem ältere Menschen haben oft eine starke Bindung zu ihrer Wohnung und sind von einer Kündigung durch die Vermieter*in schockiert. Der häufigste Vertragstyp im täglichen Leben ist der Kaufvertrag. Diese beiden Vertragstypen werden daher im Folgenden gründlicher beleuchtet.

Kaufvertrag

Ein Kaufvertrag entsteht, wenn eine Einigung über die vertragswesentlichen Bestandteile („essentialia negotii“) erzielt wurde. Die drei wesentlichen Vertragsbestandteile des Kaufvertrags sind: Vertragsparteien, Kaufgegenstand und Kaufpreis. Das bedeutet, dass eine Einigung darüber erzielt werden muss, wer Käufer

Erkenntnisverfahren

Im Rahmen des Erkenntnisverfahrens entscheidet das Gericht darüber, ob der mit der Klage geltend gemachte Anspruch besteht oder nicht.

Bei dem Begriff „Erkenntnisverfahren" denkt man vielleicht eher an ein Chemielabor mit bunten Substanzen, in dem auf wissenschaftliche Art und Weise neue Erkenntnisse zu Tage gefördert werden. Tatsächlich können auch im Zivilverfahren in Form der Beweiserhebung Nachforschungen angestellt werden. Aber, und das ist ganz entscheidend, das Gericht erforscht nicht aus eigenem Antrieb („von Amts wegen") die Wahrheit. Beim Zivilverfahren handelt es sich um einen sogenannten Parteiprozess, bei dem das Gericht nur den jeweiligen Vortrag der Parteien würdigt und daher nur den von den Parteien angebotenen Beweisen nachgeht.

Außerdem ist der Prozess sehr formalisiert, die von den Parteien gestellten Anträge müssen richtig formuliert sein und Fristen müssen beachtet werden. Vergisst eine Partei, einen entscheidenden Beweisantrag rechtzeitig zu stellen, kann der Prozess allein wegen der Fristversäumnis verloren gehen.

Anders als im Strafprozess, in dem das Gericht selbst – von Amts wegen – versucht, den wahren Sachverhalt herauszufinden und basierend auf diesem ein gerechtes Urteil zu sprechen, basiert die Gerechtigkeit des Zivilurteils vor allem darauf, dass das Gericht als neutrale Stelle über den jeweiligen Vortrag der Parteien urteilt. Wenn eine Partei schlecht vorträgt oder gar prozessuale Fehler wie z. B. das Versäumen einer Frist begeht, dann geht das zu ihren Lasten und das Gericht muss gegebenenfalls ein Urteil fällen, das gar nicht der „wahren" Rechtslage entspricht. Aufgrund der gebotenen Neutralität darf die Richter*in einer Partei auch nicht helfen, selbst wenn sie das Gefühl hat, dass eine Partei eigentlich im Recht ist und nur die Regeln des Zivilprozesses nicht richtig beherrscht.

Beispiel

Die arbeitslose A hat ihren Hund beim Tierarzt T behandeln lassen. Später stellt sich heraus, dass T eklatante Behandlungsfehler unterlaufen sind. Die komplette Behandlung muss von einem anderen Tierarzt wiederholt werden. Trotzdem stellt T der A eine Rechnung über 1.000 Euro für die fehlerhafte und erfolglose Behandlung. Als A die Rechnung nicht bezahlt, verklagt T die A vor dem Amtsgericht auf Zahlung der 1.000 Euro. A trägt vor Gericht zwar vor, dass die Behandlung mangelhaft war, allerdings bietet sie keine Beweise an, weil sie der Meinung ist, sich ein entsprechendes Sachverständigengutachten ohnehin nicht leisten zu können.

In diesem Fall wird das Gericht T zur Zahlung der 1.000 Euro verurteilen, selbst wenn dem Gericht der Vortrag plausibel erscheint, weil A keinen Beweis für die Mangelhaftigkeit der Leistung T's angeboten hat.

Das Beispiel zeigt, dass gerade einkommensschwache Personen im Zivilprozess benachteiligt sind, weil sie sich eine optimale anwaltliche Beratung gar nicht leisten können. In solchen Fällen kommt es im Ergebnis leider gar nicht so selten vor, dass die Richter*in ein Urteil fällen muss, das in der Sache ungerecht erscheint. Um diesem Problem zu begegnen, gibt es in Deutschland die Möglichkeit, sog. „Prozesskostenhilfe" zu beantragen, bei der dann der Staat die Anwaltskosten, Gutachterkosten und sonstige Verfahrenskosten für bedürftige Personen übernimmt.

Eine anwaltliche Vertretung ist bei Klagen vor dem Amtsgericht nicht vorgeschrieben. Es ist vor dem Amtsgericht grundsätzlich möglich, ohne Anwalt Anträge zu stellen. Aufgrund der dargestellten stark formalisierten Verfahrensweise beim Zivilprozess ist es jedoch äußerst empfehlenswert, sich bei einem Zivilprozess anwaltlich vertreten zu lassen. Bei Klagen vor dem Landgericht muss sogar zwingend ein Anwalt eingeschaltet werden. Ob für ein Verfahren das Amtsgericht oder das Landgericht zuständig ist, richtet sich nach dem sog. Streitwert. Das ist vereinfacht gesagt das wirtschaftliche Interesse, das mit dem Rechtsstreit verfolgt wird. Bei Klage auf Zahlung einer Geldsumme also einfach die Summe, die mit der Klage geltend gemacht wird.

Bei Streitigkeiten mit einem Wert über 5.000 Euro ist das Landgericht zuständig, bei Streitigkeiten mit einem Wert bis 5.000 Euro das Amtsgericht. Außerdem sind die Amtsgerichte unabhängig vom Streitwert stets zuständig für Streitigkeiten über Wohnraummietverhältnisse, also z. B. für Mieterhöhungen oder Kündigung und Räumung einer Wohnung.

Bei den meisten Urteilen gibt es die Möglichkeit, ein „Rechtsmittel" einzulegen und dadurch eine Überprüfung des Urteils durch eine höhere Instanz herbeizuführen, z. B. durch eine Berufung oder Revision. Wenn gegen eine Entscheidung kein Rechtsmittel mehr zulässig ist, z. B. weil die Frist abgelaufen ist, ist die Entscheidung „rechtskräftig".

geschlossen wurde. Außerdem muss der Arbeitgeber bei der Auswahl der Arbeit auf soziale Belange der Arbeitnehmer Rücksicht nehmen, etwa Kinderbetreuung und Arbeitsweg. Für die Frage der Zumutbarkeit muss zwischen den betrieblichen Interessen des Arbeitgebers und den Interessen des Arbeitnehmers abgewogen werden.

Stellen Sie sich vor, Sie wären als Sozialpädagog*in angestellt für Familien- und Erziehungsberatung und Ihr Arbeitgeber würde von Ihnen verlangen, einmal wöchentlich das Büro zu putzen. Da dies nicht der vereinbarten Tätigkeit entspricht, könnten Sie diese Weisung verweigern, ohne eine Abmahnung oder Kündigung fürchten zu müssen.

Ein entscheidender Grundsatz im Arbeitsrecht ist, dass der Arbeitnehmer nur die Erbringung von Arbeit entsprechend seiner eigenen persönlichen Fähigkeiten schuldet. Im Gegensatz zu einem Werkvertrag wird also kein bestimmter Erfolg geschuldet, sondern lediglich die Erfüllung der geschuldeten Arbeitszeit. Auch eine bestimmte Qualität der Leistung wird nicht geschuldet, sondern lediglich eine Leistung entsprechend den eigenen Fähigkeiten.

Kommt der Arbeitnehmer der Pflicht zur Erbringung der Arbeitsleistung nicht nach, ohne dass hierfür ein Rechtfertigungsgrund vorliegt – etwa Urlaub, Krankheit, Beschäftigungsverbot –, verletzt er seine Hauptleistungspflicht aus dem Arbeitsvertrag. In diesem Fall droht die außerordentliche Kündigung durch den Arbeitgeber. Möglich ist auch, dass der Arbeitgeber verlangt, dass die Arbeit nachgeholt wird. Umgekehrt besteht die Hauptleistungspflicht des Arbeitgebers in der Zahlung des vereinbarten Lohns. Wird der Lohn über einen längeren Zeitraum nicht gezahlt, kann der Arbeitnehmer die Arbeit verweigern.

Haftung der Arbeitnehmer

Arbeitnehmer sind gegenüber ihrem Arbeitgeber zum Schadensersatz verpflichtet, wenn sie schuldhaft, also vorsätzlich oder fahrlässig, eine Pflicht aus dem Arbeitsvertrag verletzen und dadurch ein Schaden entsteht. Hier gelten im Grundsatz dieselben Regeln wie im allgemeinen Schuldrecht. Allerdings wird die Haftung von Arbeitnehmern eingeschränkt.

Angenommen, ein Erzieher in einem Kindergarten räumt Spielsachen auf und stößt dabei aufgrund eines leichten Versehens gegen einen Bildschirm, der dadurch beschädigt wird. In diesem Fall sind die Voraussetzungen eines Schadensersatzanspruchs eigentlich erfüllt, weil durch die fahrlässige Beschädigung des Bildschirms schuldhaft eine Pflicht aus dem Arbeitsvertrag verletzt wurde. Es greifen jedoch die Grundsätze des „innerbetrieblichen Schadensausgleichs". Durch diese Grundsätze soll berücksichtigt werden, dass die Arbeitgeberseite für das Arbeitsumfeld und damit die Risiken eines Schadenseintritts mitverantwortlich ist. Nach diesen Grundsätzen haften Arbeitnehmer, Auszubildende, Praktikant*innen oder andere arbeitnehmerähnliche Personen nur eingeschränkt für Schäden, die bei der Ausübung einer betrieblichen Tätigkeit entstehen. Der Haftungsumfang ist abgestuft nach dem Verschuldensgrad und variiert je nach Lage des Einzelfalls. Bei leichter Fahrlässigkeit, d. h. kleineren Versehen, haften Arbeitnehmer überhaupt nicht. In dem oben geschilderten Fall wäre der Erzieher für die Beschädigung des Bildschirms also nicht schadensersatzpflichtig gegenüber dem Kindergarten.

Liegt normale Fahrlässigkeit vor, wird die Haftung aufgeteilt. Für die Haftungsquote können viele Faktoren eine Rolle spielen, z. B. die Gefahrgeneigtheit der Tätigkeit. Ist eine Arbeit von vornherein mit einem hohen Risiko für die Entstehung von Schäden verbunden, fällt die Haftung für Arbeitnehmer eher geringer aus. In der Praxis liegt die Haftungsobergrenze für Arbeitnehmer im Falle leichter Fahrlässigkeit bei etwa drei Monatsgehältern. Bei grober Fahrlässigkeit hingegen haften Arbeitnehmer bis zu 100 %. Eine Begrenzung der Haftung ist möglich, wenn der Schaden unter Berücksichtigung des Arbeitseinkommens unzumutbar hoch ist.

Eine weitere wichtige Einschränkung der Haftung ergibt sich aus dem Sozialgesetzbuch. Kommt es bei betrieblich veranlassten Tätigkeiten zu Personenschäden an Mitarbeitenden des Betriebs, sind diese Schäden über die gesetzliche Unfallversicherung abgedeckt, eine zivilrechtliche Haftung entsteht nicht.

Ausgenommen von den dargestellten Haftungsbeschränkungen sind vorsätzlich herbeigeführte Schäden. Wenn ein Arbeitnehmer bewusst einen Schaden herbeiführt, muss er den gesamten Schaden ersetzen.

Ausschlussfristen

Mitunter finden Sie in Arbeitsverträgen eine Regelung, die vorsieht, dass Ansprüche aus dem Arbeitsverhältnis innerhalb einer bestimmten Frist geltend gemacht werden müssen. Man spricht dann von einer Ausschlussfrist oder Verfallsfrist. Derartige Klauseln führen zu einer Abweichung von den gesetzlich vorgesehen Verjährungsfristen. Wird die vereinbarte Ausschlussfrist nicht eingehalten erlischt der Anspruch.

Es ist möglich, dass eine solche Klausel aufgrund der AGB-Kontrolle (§§ 305 f. BGB) unwirksam ist, insbesondere wenn einseitig der Arbeitnehmer belastet wird oder die Frist kürzer als drei Monate ist. Das gilt jedoch nicht für Ausschlussfristen, die im Tarifvertrag enthalten sind, weil die AGB-Kontrolle bei Tarifverträgen keine Anwendung findet. Sie sollten daher Arbeits- und Tarifverträge gründlich auf entsprechende Fristenregelungen überprüfen und diese Fristen einhalten.

2.2.5. Beendigung des Arbeitsverhältnisses

Ein Arbeitsverhältnis endet typischerweise durch Kündigung, Zeitablauf oder einen Aufhebungsvertrag. Wichtig aus Arbeitnehmersicht ist es, sich im Falle einer Kündigung gut beraten zu lassen und sich vor allem nicht vorschnell auf einen Aufhebungsvertrag einzulassen.

Kündigung und Kündigungsschutz

Bei der Kündigung wird unterschieden zwischen der ordentlichen Kündigung und der außerordentlichen Kündigung. Im Falle einer ordentlichen Kündigung endet das Arbeitsverhältnis erst nach Ablauf der geltenden Kündigungsfrist. Außerordentliche Kündigungen beenden das Arbeitsverhältnis sofort und werden daher auch als fristlose Kündigung bezeichnet.

Exkurs: Wie lang ist die Kündigungsfrist in Deutschland?

Die Kündigungsfrist beträgt bei einer Kündigung durch den Arbeitgeber mindestens vier Wochen zum 15. oder zum Ende eines Monats (§ 622 BGB). Die Frist verlängert sich abhängig davon, wie lange der Arbeitnehmer bereits beschäftig war. Aus Tarifverträgen oder dem jeweiligen individuellen Arbeitsvertrag können sich andere Kündigungsfristen ergeben.

Arbeitgeber können nicht einfach nach Belieben eine Kündigung aussprechen. Der Grund für die Einschränkung des Kündigungsrechts liegt im Sozialstaatsprinzip. Danach ist der deutsche Staat verpflichtet, auf soziale Belange Rücksichtig zu nehmen. Da das Arbeitsverhältnis in der Regel für die Arbeitnehmer deren wirtschaftliche Existenzgrundlage darstellt, hat der Gesetzgeber ein engmaschiges Sicherheitsnetz in Form von Kündigungsschutzregeln geknüpft. Sobald ein Betrieb mehr als zehn Beschäftigte hat, findet das Kündigungsschutzgesetz Anwendung. Dieses bestimmt, dass Arbeitnehmer, die mehr als sechs Monate beschäftigt sind, nur aus einem der in § 1 KSchG genannten Gründe gekündigt werden können. Eine Beendigung des Arbeitsverhältnisses ohne Grund ist für Arbeitgeber nicht möglich. Will der Arbeitgeber eine Kündigung aussprechen, muss er nach § 1 KSchG

- personenbedingte,
- verhaltensbedingte
- oder betriebsbedingte

Gründe dafür anführen, dass eine Weiterbeschäftigung des Arbeitnehmers in dem Betrieb nicht mehr möglich oder nicht mehr zumutbar ist. Das Interesse des Arbeitgebers an der Beendigung des Arbeitsverhältnisses muss dabei mit dem

Interesse des Arbeitnehmers auf Weiterbeschäftigung abgewogen werden. Nur wenn das Interesse des Arbeitgebers überwiegt, ist die Kündigung zulässig.

Bei *verhaltensbedingten* Kündigungen kann regelmäßig erwartet werden, dass zunächst eine Abmahnung des Arbeitnehmers erfolgt und eine Kündigung erst bei erneutem Fehlverhalten zulässig ist. Bei *betriebsbedingten* Kündigungen, z. B. aufgrund der Schließung einer Abteilung, muss stets geprüft werden, ob nicht eine Weiterbeschäftigung in anderer Position im selben Betrieb möglich ist. Wichtig ist bei betriebsbedingten Kündigungen zudem die Sozialauswahl (§1 Abs. 3 KSchG). Sozialauswahl bedeutet, dass der Arbeitgeber verpflichtet ist, bei einem betriebsbedingten Stellenabbau zunächst den Arbeitnehmern zu kündigen, für die eine Kündigung die geringsten Auswirkungen hat. Wesentliche Kriterien bei der Sozialauswahl sind etwa die Dauer der Betriebszugehörigkeit, das Lebensalter, die familiäre Situation bzw. Unterhaltspflichten sowie besondere persönliche Schutzbedürfnisse wie z. B. aufgrund von Schwerbehinderung.

Exkurs: Kündigungsschutzklage

Der Arbeitnehmer muss sich allerdings aktiv gegen eine ungerechtfertigte Kündigung wehren. Innerhalb von drei Wochen ist Kündigungsschutzklage zum Arbeitsgericht zu erheben (§4 KSchG).

Wird die Kündigungsschutzklage nicht rechtzeitig eingereicht, gilt die Kündigung als von Anfang an wirksam (§7 KSchG).

Aufhebungsvertrag

Arbeitgeber und Arbeitnehmer können das Arbeitsverhältnis jederzeit einvernehmlich durch einen schriftlichen Aufhebungsvertrag beenden. Das ist eine Folge des Grundsatzes der Vertragsfreiheit. Die soeben dargestellten Vorschriften des Kündigungsschutzes finden in diesem Fall keine Anwendung. Allerdings darf der Arbeitgeber dabei keinen unangemessenen Druck auf den Arbeitnehmer ausüben, sondern muss sich an das „Gebot des fairen Verhandelns" halten.

2.2.6. Arbeitsrechtsprozess

Für Streitigkeiten zwischen Arbeitnehmern und Arbeitgebern über das Arbeitsverhältnis sind ausschließlich die Arbeitsgerichte zuständig. Diese sind im Gegensatz zu den Zivilgerichten nicht nur mit Berufsrichtern besetzt, sondern auch mit je einem ehrenamtlichen Richter aus den Reihen der Arbeitnehmer und einem aus den Reihen der Arbeitgeber.

Für Arbeitnehmer empfiehlt sich der Abschluss einer Rechtsschutzversicherung, wenn Streitigkeiten mit dem Arbeitgeber drohen. Denn in der ersten

Instanz vor den Arbeitsgerichten trägt jede Partei ihre eigenen Anwaltskosten, unabhängig davon, ob der Prozess gewonnen oder verloren wird. Lediglich die Gerichtskosten werden der unterliegenden Partei auferlegt. Erst in den folgenden Instanzen vor den Landesarbeitsgerichten und vor dem Bundesarbeitsgericht trägt die unterliegende Partei auch die gegnerischen Anwaltskosten.

2.3. Familienrecht

2.3.1. Überblick und Grundbegriffe

Menschen sind soziale Geschöpfe und häufig eng verwurzelt in ihren familiären Beziehungen. Dem trägt das Grundgesetz Rechnung, indem es Ehe und Familie unter besonderen Schutz stellt (Art. 6 Abs. 1 GG).

Familiäre Beziehungen sind daher gesondert im BGB geregelt, zudem gibt es mit dem FamFG, dem „Gesetz über das Verfahren in Familiensachen und in den Angelegenheiten der freiwilligen Gerichtsbarkeit" eine eigenständige Verfahrensordnung.

2.3.2. Die Ehe bzw. Lebenspartnerschaft

Eingehen der Ehe

Die Ehe ist zivilrechtlich betrachtet ein Vertrag, in dem sich die Ehepartner zur ehelichen Lebensgemeinschaft verpflichten und dazu, füreinander Verantwortung zu tragen (§ 1353 Abs. 1 BGB). Dieser Vertrag ist allerdings nur bedingt vollstreckungsfähig. Es gibt keine Möglichkeit, den Partner rechtlich dazu zu zwingen, tatsächlich als Lebensgemeinschaft oder gar als Liebespaar zusammenzuleben. Vollstreckungsfähig sind allerdings finanzielle Ansprüche, die aus der Ehe resultieren, insbesondere Unterhaltsansprüche. Außerdem hat die mit der Ehe eingegangene Pflicht, füreinander Verantwortung zu übernehmen, Auswirkungen auf das Strafrecht. Als Ehepartner hat man für den anderen Ehepartner eine sogenannte Garantenstellung. Wenn dem Ehepartner Gefahr droht, muss man ihm helfen. Unterlässt man dies und der Partner verletzt sich deswegen, macht man sich nicht nur wegen unterlassener Hilfeleistung strafbar, sondern auch wegen Körperverletzung durch Unterlassen.

Gibt es noch andere Besonderheiten bei der Ehe im Vergleich zu anderen zivilrechtlichen Verträgen? Eine Besonderheit kennen Sie sicherlich. Die Ehe kann nur durch persönliche Erklärung gegenüber dem Standesbeamten geschlossen werden, andere wirksame Formen zum Abschluss einer Ehe existieren nicht. Vielleicht fragen Sie sich jetzt, warum dann manche einen Ehevertrag bei einem Notar abschließen. Dabei handelt es sich nicht um den Vertrag über die Ehe als solche. Durch einen notariellen Ehevertrag können bestimmt Regelungen der Ehe modifiziert werden, insbesondere das eheliche Güterrecht, § 1408 BGB. Solche Vereinbarungen sind nur wirksam, wenn sie von den Ehegatten unter Mitwirkung eines Notars abgeschlossen werden.

Eine Ehe eingehen dürfen in Deutschland nur volljährige Personen, § 1303 BGB. Damit sollen minderjähre Personen davor geschützt werden, dass sie von ihren Eltern zur Ehe gedrängt werden. Ein unterschiedliches Geschlecht der Ehepartner ist nicht (mehr) vorgeschrieben, § 1353 Abs. 1 BGB. Verboten ist es, mehr als eine Ehe parallel einzugehen, § 1306 BGB.

Eheliches Güterrecht

Vermutlich oder hoffentlich stehen bei den meisten Ehen, die in Deutschland abgeschlossen werden, romantische Gefühle im Vordergrund. Dieser Gefühlslage widerspricht es tendenziell, sich vor dem Abschluss der Ehe mit dem ehelichen Güterrecht, also den finanziellen Auswirkungen der Ehe auseinanderzusetzen. Erst recht, weil der gesetzliche Güterstand, der automatisch eintritt, wenn die Ehepartner nichts anderes vereinbaren, so gestrickt ist, dass er eigentlich nur im Falle der Scheidung entscheidende Wirkungen entfaltet. Naturgemäß wirkt es nicht besonders romantisch, sich beim Abschluss der Ehe, die ja auf lebenslange Dauer angelegt ist, mit den Folgen einer Scheidung zu beschäftigen.

Aus juristischer Sicht ist das aber sehr empfehlenswert. Nicht in erster Linie, weil statistisch gesehen tatsächlich viele eingegangene Ehen geschieden werden. Sondern weil der gesetzliche Güterstand auf die Bedürfnisse der früher weit verbreiteten „Hausfrauen-Ehe“ zugeschnitten ist und damit keineswegs für alle Ehesituationen angemessene Regelungen enthält.

Der gesetzliche Güterstand ist die sogenannte Zugewinngemeinschaft, § 1363 BGB. Dieser Güterstand bedeutet, dass die Ehegatten während der Ehe im Zustand der Gütertrennung leben. Das heißt, jeder Ehepartner behält sein eigenes Vermögen und kann damit machen, was er will.

Alternativ sieht das Gesetz als mögliche Güterstände noch die Gütertrennung (§ 1414 BGB) oder die Gütergemeinschaft (§§ 1415 f. BGB) vor. Gütertrennung bedeutet wie gerade gesagt, dass jedem Ehepartner sein eigenes Einkommen und Vermögen verbleibt, sich durch die Ehe also keine Änderungen der finanziellen Verhältnisse ergeben. Im Gegensatz zur Zugewinngemeinschaft gibt es bei der Gütertrennung auch nach dem Ende der Ehe keinen Ausgleichsanspruch. Vereinbaren die Ehepartner stattdessen den Güterstand der Gütergemeinschaft können sie während der Ehe ein gemeinsames Vermögen aufbauen. Im Rahmen der Gütergemeinschaft gibt es eine Vielzahl verschiedener Regelungsmöglichkeiten. Es sollte hier eine eingehende Beratung durch einen Anwalt erfolgen, bevor dieser Güterstand gewählt wird.

Beispiel

A verdient als Geschäftsführerin ein fünfstelliges Monatsgehalt. Ihr Ehemann T kümmert sich um Haushalt und Kinder und hat kein eigenes Einkommen. A und T haben keinen Ehevertrag abgeschlossen.

In diesem Beispiel leben A und T im Güterstand der Zugewinngemeinschaft (§ 1353 Abs. 1 BGB). T ist nicht berechtigt auf das Vermögen und auf das Einkommen von A zuzugreifen, weil während des Bestands der Ehe kein gemeinsames Vermögen entsteht (§ 1353 Abs. 2 BGB).

Bei Einkommensunterschieden wie in dem dargestellten Beispiel gibt es für den weniger verdienenden Ehepartner grundsätzlich die Möglichkeit, einen Unterhaltsanspruch geltend zu machen und auf diese Art und Weise von dem Einkommen des besserverdienenden Partners zu profitieren. Sie können sich vorstellen, dass die förmliche Geltendmachung von Unterhaltsansprüchen einer Beziehung alles andere als gut tut. In der Praxis wird daher von dieser Möglichkeit selten Gebrauch gemacht, sodass die Zugewinngemeinschaft regelmäßig dazu führt, dass der besserverdienende Ehepartner frei über sein Einkommen verfügen kann und der andere Partner auf freiwillige Zahlungen seitens des besserverdienenden Partners angewiesen ist.

Bis hierhin ist der Güterstand der Zugewinngemeinschaft nichts anderes als Gütertrennung. Die Besonderheiten der Zugewinngemeinschaft kommen erst im Falle der Beendigung der Ehe durch Scheidung oder durch den Tod eines Ehepartners zum Tragen. Dann kommt es nämlich zum sogenannten Zugewinnausgleich. Verstirbt ein Ehepartner erfolgt der Zugewinnausgleich pauschal dadurch, dass der überlebende Ehepartner ein Viertel des Erbes erhält, zusätzlich zu seinem gesetzlichen Erbanteil (§ 1371 Abs. 1 BGB). Im Falle einer Scheidung ist die Berechnung des Zugewinnausgleichs komplizierter. Dies wird im nächsten Punkt näher dargestellt.

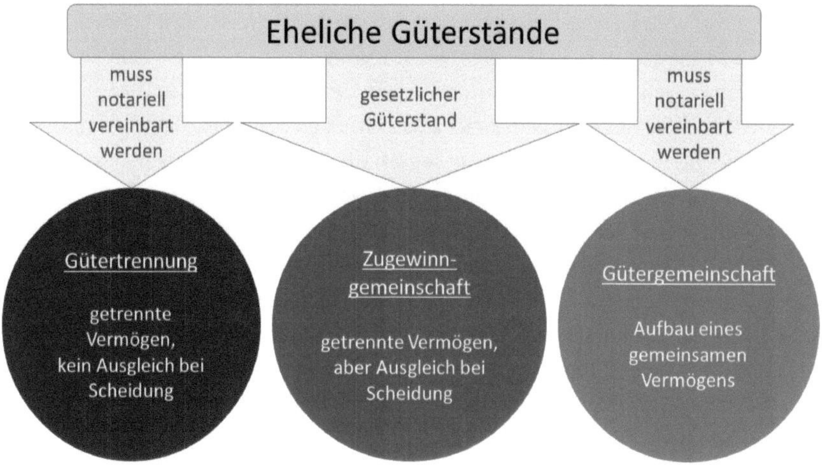

Scheidung der Ehe

Spiegelbildlich zur Eingehung der Ehe, die nur unter hohen formalen Anforderungen abgeschlossen werden kann, ist auch die Beendigung einer Ehe im Wege der Scheidung an Formvorschriften gebunden. Eine Ehe kann nur durch einen Beschluss des Familiengerichts geschieden werden, § 1564 BGB. Voraussetzung für die Scheidung ist, dass das Gericht zu der Überzeugung gelangt, dass die Ehe gescheitert ist, § 1565 BGB. Damit soll vermieden werden, dass es zur Scheidung bei einer nur vorübergehenden Trennung der Ehepartner kommt. Als gescheitert gilt die Ehe dann, wenn die Ehegatten nicht mehr als Lebensgemeinschaft zusammenleben und auch nicht zu erwarten ist, dass es wieder dazu kommt. Wenn beide Ehegatten die Scheidung beantragen und seit einem Jahr getrennt leben, muss das Gericht die Scheidung vollziehen (§ 1566 Abs. 2 BGB). Widerspricht ein Ehegatte der Scheidung, muss die Ehe spätestens nach drei Trennungsjahren geschieden werden (§ 1566 Abs. 2 BGB).

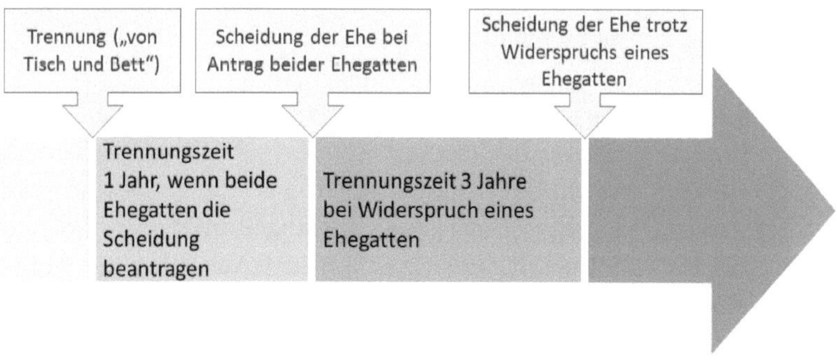

Eine der wichtigsten ökonomischen Folgen der Scheidung ist der Anspruch auf Zugewinnausgleich. Dieser entsteht automatisch bei der Scheidung, wenn die Ehegatten keinen anderen Güterstand vereinbart haben (§ 1372 BGB).

Die Höhe des Zugewinnausgleichs berechnet sich, indem die Anfangsvermögen (§ 1374 BGB) der Ehepartner zu Beginn der Ehe mit den jeweiligen Endvermögen (§ 1375 BGB) zum Zeitpunkt der Scheidung verglichen werden. Die Differenz zwischen Endvermögen und Anfangsvermögen stellt den Zugewinn dar (§ 1373 BGB). Übersteigt der Zugewinn eines Ehepartners den Zugewinn des anderen, so steht die Hälfte des Überschusses dem anderen Ehegatten zu (§ 1378 Abs. 1 BGB). Diese Ausgleichsforderung nennt man den Zugewinnausgleich. Erbschaften und Schenkungen werden dem Anfangsvermögen hinzugerechnet, sodass in Bezug auf derartige Vermögensmehrungen kein Zugewinnausgleich entsteht (§ 1374 Abs. 2 BGB).

Beispiel

A und P lassen sich nach 15 Jahren Ehe scheiden. A stammt aus einer wohlhabenden Unternehmerfamilie und arbeitet als Geschäftsführerin in einer der Gesellschaften ihrer Eltern. Ihr Ehemann P kümmert sich hauptsächlich um die gemeinsamen Kinder und arbeitet in Teilzeit. P legte in den 15 Jahren Ehe insgesamt 20.000 Euro zurück. A verdient doppelt so viel wie P, gab ihr Einkommen allerdings vollständig für Luxusaufwendungen aus. Trotzdem hat A in den 15 Jahren Ehe aufgrund von Schenkungen ein Vermögen von 1,6 Millionen Euro aufgebaut, weil sie von ihren Eltern alle zehn Jahre unter Ausnutzung des Schenkungssteuerfreibetrags jeweils 800.000 Euro überwiesen bekommt.

Lösung: In diesem Beispiel hat P während der Ehe einen Zugewinn in Höhe von 20.000 Euro erzielt. A hat keinen Zugewinn erzielt, weil Schenkungen dem Anfangsvermögen hinzugerechnet werden (§ 1374 Abs. 2 BGB). Somit muss P an A einen Zugewinnausgleich in Höhe von 10.000 Euro zahlen.

2.3.3. Die faktische Lebensgemeinschaft

Eheähnliche Beziehungen, bei denen die Partner*innen nicht verheiratet sind, aber in einer festen Beziehung leben, werden auch als faktische Lebensgemeinschaft oder nichteheliche Lebensgemeinschaft bezeichnet. Sie sind gesetzlich nicht geregelt. Dementsprechend gibt es innerhalb solcher Beziehungen z. B. keinen Anspruch auf Unterhalt und für Streitigkeiten zwischen den Partner*innen einer solchen Beziehung ist nicht das Familiengericht zuständig, sondern die normale Zivilgerichtsbarkeit.

Beispiel

A und B leben seit mehreren Jahren in einer glücklichen Beziehung. Nachdem A ein Baugrundstück geerbt hat, bauen sie darauf gemeinsam ein Einfamilienhaus. Da A das Grundstück bereitgestellt hat, übernimmt B die Finanzierung der Baukosten und erbringt zudem erhebliche Eigenleistungen. Der Stress durch den Bau belastet allerdings die Beziehung. A und B ziehen zwar noch in dem neu erbauten Haus zusammen ein, trennen sich aber ein Jahr später. Das Haus allein, ohne Grundstück, hat einen Wert von 300.000 Euro. Hat B Anspruch auf Ausgleich für die Baukosten und die erbrachten Eigenleistungen?

Lösung: Da das neu erbaute Haus fest mit dem Grundstück verbunden ist, ist A als Grundstückseigentümerin auch Eigentümerin des Hauses. Wären A und B verheiratet, hätte B gegen A einen Anspruch auf Zugewinnausgleich, weil sich das Vermögen von A um den Wert des Gebäudes erhöht hat. Da A und B unverheiratet zusammengelebt haben, kann B nur versuchen, nach allgemeinen zivilrechtlichen Regelungen einen Ausgleich zu verlangen (in Betracht kommen insbesondere Ansprüche nach § 812 BGB und § 313 BGB). Die Erfolgsaussichten solcher Ansprüche sind stark einzelfallabhängig.

2.3.4. Unterhalt

Als Unterhalt wird das bezeichnet, was eine Person zur Deckung des Lebensbedarfs einer anderen Person an diese leistet. Dabei muss es sich nicht um eine Geldzahlung handeln. Unterhalt kann auch in Form von Sachleistungen oder durch Betreuung geleistet werden.

Das Thema Unterhalt wird in der Praxis vor allem bei der Trennung von Ehepaaren und bei getrenntlebenden Eltern relevant.

Ehegattenunterhalt

Wir haben bereits gelernt, dass die Ehe ein Vertrag ist, der die Ehegatten dazu verpflichtet, füreinander Verantwortung zu tragen. Aus diesem Prinzip der gegenseitigen Solidarität ergibt sich die wechselseitige Verpflichtung auf einen angemessenen Familienunterhalt gem. § 1360 BGB, jedenfalls solange die Ehepartner in häuslicher Gemeinschaft zusammenleben. Die Höhe des angemessenen Unterhalts bestimmt sich danach, was nach den konkreten Lebensverhältnissen der Ehepartner erforderlich ist, um die Bedürfnisse der Ehegatten und etwaiger unterhaltsberechtigter Kinder zu befriedigen (§ 1360a BGB).

Wollen sich die Ehegatten scheiden lassen, so muss hinsichtlich des Unterhalts unterschieden werden zwischen dem Zeitraum, in dem die Ehepartner noch verheiratet sind, aber schon getrennt leben, und dem Zeitraum nach der rechtskräftigen Scheidung. Zu dieser Trennungsphase vor der Scheidung kommt es durch die oben erläuterte Vorgabe, dass selbst eine einvernehmliche Scheidung in der Regel ein sogenanntes Trennungsjahr voraussetzt (§1566 Abs. 2 BGB).

In der Trennungsphase kann ein Anspruch auf sogenannten Trennungsunterhalt gem. §1361 Abs. 1 BGB entstehen. Das setzt voraus, dass einer der Ehegatten bedürftig ist, also den bisherigen ehelichen Lebensstandard aus eigenen Mitteln nicht aufrechterhalten kann. Wenn der andere Ehegatte hinreichend leistungsfähig ist, muss er dem bedürftigen Ehegatten Unterhalt zahlen. Nach dem „Halbteilungsgrundsatz" ist jedem Ehegatten regelmäßig die Hälfte des gemeinsamen Einkommens zu gewähren, mit einem leichten Bonus für den erwerbstätigen Ehegatten.

Wurde die Ehe durch das Familiengericht geschieden, ist im Grundsatz jeder Ehegatte für seinen Unterhalt selbst verantwortlich (§1569 BGB). Eine Pflicht zur Zahlung eines nachehelichen Unterhalts besteht nur in begründeten Ausnahmefällen. Dazu zählen etwa der Anspruch auf Unterhalt wegen Betreuung eines Kindes gem. §1570 BGB, der Anspruch auf Unterhalt wegen Alters (§1571 BGB), wegen Krankheit (§1572 BGB) oder wegen Erwerbslosigkeit (§1573 BGB). Der Unterhaltsanspruch wegen Betreuung eines Kindes besteht mindestens für einen Zeitraum von drei Jahren. Danach wird von dem betreuenden Elternteil grundsätzlich erwartet, wieder eine eigene Erwerbstätigkeit aufzunehmen. Wie lange und in welcher Höhe nach Ablauf der drei Jahre ein nachehelicher Unterhalt geschuldet wird, hängt stark vom jeweiligen Einzelfall und den vorherigen ehelichen Lebensverhältnissen ab, z. B. von der Dauer der Ehe.

Schließlich ermöglicht es §1576 BGB den Familiengerichten auch in weiteren Fällen, einen nachehelichen Unterhalt zu gewähren, wenn dies unter allgemeinen Gerechtigkeitserwägung (Juristen sprechen von „Billigkeitsgründen") angemessen erscheint und von dem unterhaltsberechtigten Ehegatten aus schwerwiegenden Gründen eine Erwerbstätigkeit nicht erwartet werden kann.

Allgemeine Voraussetzung für einen nachehelichen Unterhalt ist stets, dass die unterhaltsberechtigte Person bedürftig ist, ihren Bedarf also nicht aus eigenen Mitteln decken kann. Außerdem muss die unterhaltsverpflichtete Person leistungsfähig sein, also auch nach Abzug etwaiger anderer, vorrangiger Unterhaltsansprüche über ein hinreichend hohes Einkommen verfügen.

Kindes- und Verwandtenunterhalt

Die Regelungen zum Unterhalt in den §§1601f. BGB gehen zurück auf die Erwägungen zur Zeit der Einführung des BGB am Ende des 19. Jahrhunderts. Die Unterhaltspflicht orientiert sich in erster Linie an der durch Geburt begründeten Verwandtschaft, die tatsächlichen sozialen Bindungen zwischen den beteiligten Personen spielen eine untergeordnete Rolle.

Voraussetzung einer Unterhaltspflicht nach §1601 BGB ist, dass die unterhaltsverpflichtete Person mit der unterhaltsbedürftigen Person in gerader Linie (siehe §1589 BGB) verwandt ist. Daraus ergibt sich, dass z. B. Eltern für ihre Kinder unterhaltspflichtig sind, ebenso Großeltern für ihre Enkel. Umgekehrt sind aber auch Kinder für ihre Eltern und Enkel für ihre Großeltern unterhaltspflichtig. Die näher verwandten Personen sind vorrangig zur Unterhaltsleistung verpflichtet (§1606 BGB). Voraussetzung für einen Unterhaltsanspruch ist stets, dass

- die unterhaltsberechtigte Person bedürftig ist, also nicht selbst für ihren angemessenen Lebensunterhalt sorgen kann (§§1602 Abs. 1, 1610 Abs. 1 BGB) und
- die unterhaltsverpflichtete Person leistungsfähig ist, also durch die Unterhaltspflicht ihren eigenen angemessenen Lebensbedarf nicht gefährdet.

Der häufigste Fall des Verwandtenunterhalts ist der Unterhalt, den Eltern an ihre Kinder leisten müssen. Das bezeichnet man als Kindesunterhalt. In der Praxis hat sich als Leitlinie für die Höhe des Kindesunterhalts die „Düsseldorfer Tabelle“ etabliert, die regelmäßig durch das Oberlandesgericht Düsseldorf in Abstimmung mit anderen Gerichten und Experten aktualisiert wird.

Der angemessene Lebensbedarf eines Kindes richtet sich grundsätzlich nach der Lebensstellung der Eltern. Zum Unterhaltsbedarf gehören auch Erziehungs- und Ausbildungskosten. Eigene Einkünfte des Kindes etwa in Form von Ausbildungsvergütung werden auf den Unterhalt angerechnet.

Hinsichtlich der Leistungsfähigkeit der unterhaltsverpflichteten Eltern ist zu berücksichtigen, dass eine sogenannte Erwerbsobliegenheit besteht. Nimmt sich eine unterhaltsverpflichtete Person z. B. freiwillig eine Auszeit in Form eines „Sabbaticals“, würde das nicht zum Ausschluss der Unterhaltpflicht führen. Die Leistungsfähigkeit würde sich dann danach bestimmen, was die unterhaltsverpflichtete Person bei einem ihr zumutbaren Einsatz ihrer Arbeitskraft realistisch hätte erzielen können.

Unterhalt ist in der Regel in Form einer monatlich im Voraus zu zahlenden Geldsumme zu leisten (§1612 Abs. 1 BGB). Bei getrenntlebenden Eltern ist der Elternteil, der ein minderjähriges Kind betreut, in der Regel von der finanziellen Unterhaltspflicht ausgenommen, weil davon ausgegangen wird, dass er seine Verpflichtung zum Unterhalt durch die Pflege und Erziehung des Kindes erbringt. Man spricht in Bezug auf den Unterhalt in Form von Geld auch von „Barunterhalt“ und in Bezug auf den Unterhalt in Form von Betreuung und Erziehung von „Naturalunterhalt“ . Häufig ist also im Falle einer Trennung der Eltern ein Elternteil barunterhaltspflichtig, während der andere Elternteil für die Betreuung des Kindes verantwortlich ist (sogenanntes „Residenzmodell“). Ein anderes Modell ist das sogenannte Wechselmodell, bei dem sich die Eltern die Kinderbetreuung und Erziehung paritätisch aufteilen. Wird dies tatsächlich umgesetzt, wird auch der Unterhalt in Geld auf beide Elternteile aufgeteilt. Allerdings setzt dieses Modell eine entsprechende Einigung der Eltern voraus, ein Anspruch auf dieses Model existiert nicht.

2.3.5. Kindschaftsrecht

Dem bayerischen Komiker Karl Valentin wird folgendes Zitat zugeschrieben: „Wir brauchen unsere Kinder nicht erziehen, sie machen uns sowieso alles nach." Ganz so einfach ist es jedoch aus rechtlicher Sicht nicht. Aus § 1626 Abs. 1 BGB ergibt sich für die Eltern eines Kindes die Befugnis und Pflicht, im Rahmen der elterlichen Sorge umfassend für das Kind zu sorgen. Dabei wird unterschieden zwischen der Vermögenssorge und der Personensorge. Ob sich daraus auch Vorgaben für die konkrete Erziehung ergeben oder ob Sie als Eltern wie von Karl Valentin angeregt auf die Erziehung verzichten dürfen, wird im Folgenden erläutert.

Begründung des Sorgerechts

Sorgeberechtigt sind grundsätzlich die Eltern, also Mutter und Vater (§ 1626 Abs. 1 BGB). Das deutsche Abstammungsrecht geht vom „Zwei-Eltern"-Prinzip aus. Einem Kind können danach maximal zwei rechtliche Eltern zugeordnet sein. Das Bundesverfassungsgericht leitet dies aus Art. 6 Abs. 2 GG ab. Abweichungen von diesem Prinzip sind derzeit lediglich bei der Adoption volljähriger Personen möglich.

Daran schließt sich die Frage an, wer in rechtlicher Hinsicht als Mutter und Vater zu betrachten ist. Hier gibt uns das Gesetz vor, dass Mutter stets die Frau ist, die das Kind geboren hat (§ 1591 BGB). Im Falle einer Leihmutterschaft hat die genetische Mutter keine Rechte und kann lediglich versuchen, das Kind zu adoptieren. Dabei ist allerdings zu berücksichtigen, dass Vereinbarungen bezüglich einer Leihmutterschaft in Deutschland als sittenwidrig betrachtet werden und damit zivilrechtlich nichtig sind (§ 138 BGB). Die genetische (Bestell-)Mutter hat also keinen Anspruch darauf, dass die Leihmutter das Kind zur Adoption freigibt. Festzuhalten bleibt, dass im deutschen Recht eine Abweichung zwischen leiblicher Mutter und rechtlicher Mutter nicht vorgesehen ist.

Anders ist dies bei der Frage, wer Vater ist. Eine mögliche Abweichung zwischen leiblichem Vater und der Person, die rechtlich als Vater anzusehen ist, nimmt das Gesetz in Kauf. Es gibt für Männer und für Personen unbestimmten Geschlechts bzw. intersexuelle Personen gem. § 1592 BGB drei Arten, als rechtlicher Vater anerkannt zu werden:

1. die Person ist zum Zeitpunkt der Geburt mit der Mutter verheiratet,
2. die Person hat die Vaterschaft anerkannt,
3. die Vaterschaft der Person wurde gerichtlich festgestellt.

Bei verheirateten Personen wird demnach der Ehepartner der Mutter automatisch Vater. Das gilt allerdings nicht bei gleichgeschlechtlichen Ehen. Zwei Ehegattinnen können nicht Mutter und Vater sein, nach derzeitiger Gesetzeslage kommt hier lediglich eine Adoption in Betracht. Für die Vaterschaft aufgrund einer bestehenden Ehe ist es unerheblich, ob der Ehemann das Kind gezeugt hat oder nicht. Selbst wenn der Ehemann zeugungsunfähig ist, im Koma liegt oder seit langem ausgewandert ist, wird er kraft Gesetz Vater und ist sorgeberechtigt. Der leibliche Vater kann versuchen, die automatisch eintretende Vaterschaft des Ehemanns anzufechten und durch ein Gericht feststellen zu lassen (§ 1600d BGB). Die Hürden dafür sind jedoch hoch. Insbesondere ist eine Anfechtung ausgeschlossen, wenn eine sozial-familiäre Beziehung des Kindes zum Ehemann der Mutter (also dem rechtlichem Vater gem. § 1592 Abs. 1 Nr. 1 BGB) besteht, § 1600 Abs. 2 BGB.

Ist die Mutter zum Zeitpunkt der Geburt nicht verheiratet, kann die (rechtliche) Vaterschaft durch eine Anerkennungserklärung gem. §§ 1592 Nr. 2, 1594 BGB herbeigeführt werden. Die Anerkennung wird nur wirksam, wenn die Mutter zustimmt, § 1595 Abs. 1 BGB. Ob die anerkennende Person der genetische Vater ist, wird dabei nicht kontrolliert.

Ist die Mutter zum Zeitpunkt der Geburt nicht verheiratet und kommt es zu keiner Anerkennung der Vaterschaft, hat das Kind keinen rechtlichen Vater. Zu einer Vaterschaft kraft gerichtlicher Feststellung gem. § 1592 Nr. 3 BGB kommt es nur, wenn dies beantragt wird. Ein Kind kann dementsprechend dauerhaft vaterlos bleiben. Antragsberechtigt in Bezug auf eine gerichtliche Feststellung der Vaterschaft sind die Mutter, der potenzielle leibliche Vater und das Kind.

Personensorge

Beim Sorgerecht wird unterschieden zwischen Personensorge und Vermögenssorge. Zur Personensorge zählt die Pflege, Erziehung und Beaufsichtigung des Kindes. Ausdrücklich verboten sind dabei körperliche Bestrafungen des Kindes (§ 1631 Abs. 2 BGB).

Entscheidungen im Bereich der Personensorge wären z. B. die Bestimmung des Vornamens des Kindes, die Auswahl der Schule, die Bestimmung des Wohnortes. Auch die religiöse Erziehung fällt hierunter, wobei Kinder mit Vollendung des 14. Lebensjahres selbst über ihr religiöses Bekenntnis entscheiden können.

Vermögenssorge

Die Vermögenssorge als Teil des Sorgerechts betrifft alle Entscheidungen, die die finanziellen Verhältnisse des Kindes betreffen. Die sorgeberechtigten Personen haben das Recht und die Pflicht, das Vermögen des Kindes zu verwalten. Das betrifft z. B. die Verwaltung von Geldern oder Wertgegenständen, die das Kind von Verwandten geschenkt bekommt, aber auch die Entscheidung über die Verwendung von Einkünften, die ein minderjähriges Kind im Rahmen einer eigenen Erwerbstätigkeit erzielt.

Beispiel

Die 15-jährige A arbeitet an den Wochenenden als Eisverkäuferin. Ihre Eltern haben das genehmigt und ihr dafür sogar extra ein Schülerkonto bei der Bank eingerichtet. Als A sich von ihrem selbst verdienten Geld für 250 Euro ein Konzertticket für die Band „Hammerstein" kaufen will, deren Bühnenshow und Texte als besonders sexistisch und gewaltverherrlichend gelten, untersagen das ihre Eltern. A ist empört und meint, ihre Eltern wären nicht befugt, über ihr selbst verdientes Geld zu bestimmen. Hat A Recht?

Lösung: Das elterliche Sorgerecht umfasst die Personen- und die Vermögenssorge. Im Rahmen der Personensorge sind die Eltern von A befugt, aus erzieherischen Gründen in ihr Freizeitverhalten einzugreifen. Zwar ist die Personensorge begrenzt durch die Eigenzuständigkeit des Kindes, die mit zunehmender Reife ebenfalls zunimmt. Es würde dem Ziel, das Kind zu einer verantwortungsbewussten und selbstständigen Person zu erziehen, widersprechen, wenn die Eltern jedes Detail des Freizeitverhaltens eines 15-jährigen Kindes bestimmen dürften. Angesichts der anstößigen Liedtexte der betroffenen Band erscheint hier jedoch die Untersagung des Konzertbesuchs aus erzieherischen Gründen als gerechtfertigt.

Hinzu kommt, dass die Eltern auch die Vermögenssorge innehaben und damit über das Ausgabeverhalten des Kindes bestimmen dürfen. Das gilt auch für Vermögen, welches das Kind durch eigene Tätigkeiten erwirtschaftet. Angesichts des hohen Preises der Konzertkarten waren die Eltern also auch unter dem Gesichtspunkt der Vermögenssorge berechtigt, den Besuch des Konzerts zu untersagen.

Gesetzliche Vertretung

Im Rahmen der soeben dargestellten Personen- und Vermögenssorge sind die Eltern bzw. sorgeberechtigten Personen befugt, das Kind rechtswirksam zu vertreten. Das bedeutet, dass rechtlich bindende Erklärungen für das Kind abgegeben werden können, sowohl gegenüber anderen Bürgern oder Unternehmen als auch gegenüber Behörden oder Gerichten. Die Eltern können also im Namen des Kindes z. B. Verträge abschließen, Gerichtsprozesse führen und Anträge gegenüber Behörden stellen.

In bestimmten Fällen ist die Vertretungsmacht der Eltern jedoch eingeschränkt. Eine wichtige Grenze der Vertretungsmacht der Eltern stellt z. B. § 181 BGB dar. Danach dürfen die Eltern keine Rechtsgeschäfte im Namen des Kindes mit sich selbst abschließen. Dadurch sollen Interessenkonflikte vermieden werden. Möchten die Eltern trotzdem ein Rechtsgeschäft zwischen sich und dem Kind abschließen, müsste ein sogenannter Ergänzungspfleger gem. § 1809 Abs. 1 BGB durch das Familiengericht bestellt werden. Dieser kontrolliert dann, dass die Interessen des Kindes gewahrt werden.

Daneben gibt es Vorschriften, die bei bestimmten, besonders einschneidenden Entscheidungen der Eltern eine Genehmigung durch das Familiengericht vorschreiben. Hierzu zählt etwa die Entscheidung der Eltern, das Kind in einer geschlossenen psychiatrischen Klinik unterzubringen (§ 1631b Abs. 1 BGB).

Elterliche Sorge bei Scheidung und Getrenntleben

Im Fall einer nicht nur vorübergehenden Trennung von Eltern, denen das Sorgerecht gemeinsam zusteht, stellt sich regelmäßig die Frage, welche Auswirkungen die Trennung auf das Sorgerecht hat. Grundsätzlich bleibt es auch im Falle der Trennung beim gemeinsamen Sorgerecht. Allerdings kann das Familiengericht auf entsprechenden Antrag das Sorgerecht einem Elternteil allein übertragen, wenn der andere Elternteil zustimmt oder wenn dies dem Kindeswohl dient (§ 1671 BGB). Bleibt es bei der gemeinsamen Sorge der Eltern, müssen sich die Eltern bei allen Angelegenheiten, deren Regelung für das Kind von erheblicher Bedeutung ist, einigen. Bei Entscheidungen, die das tägliche Leben betreffen (sogenannte „Alltagssorge"), darf hingegen der Elternteil, bei dem sich das Kind gewöhnlich aufhält, allein entscheiden (§ 1687 BGB).

Staatliche Eingriffe

Staatliche Eingriffe in das elterliche Sorgerecht sind nur dann gerechtfertigt, wenn eine Kindeswohlgefährdung vorliegt. Neben Gefahren für das körperliche, geistige und seelische Wohl zählen hierzu auch Gefahren für das Vermögen des Kindes.

Zentrale Vorschrift für Eingriffe in das Sorgerecht ist § 1666 BGB. Danach muss das Familiengericht im Falle einer Kindeswohlgefährdung die Maßnahmen treffen, die zur Abwendung der Gefahr erforderlich sind. So kann das Gericht beispielsweise die Sorgeberechtigten verpflichten, öffentliche Hilfen in Anspruch zu nehmen. Das Gericht kann auch einzelne Erklärungen der Sorgeberechtigten ersetzen, etwa die Zustimmung zu einer Impfung erteilen. In besonders gravierenden Fällen ist auch teilweiser oder vollständiger Entzug des Sorgerechts möglich. Ferner kann das Gericht den Umgang mit dem Kind verbieten oder einschränken. In Fällen, in denen gegen eine sorgeberechtigte Person der begründete Verdacht eines Kindesmissbrauchs erhoben wird, könnte das Gericht z. B. bis zur Klärung des Vorwurfs anordnen, dass ein Umgang mit dem Kind nur unter Aufsicht einer weiteren Person zulässig ist (sogenannter „begleiteter Umgang").

2.4. Betreuungsrecht

Wir haben uns oben bereits mit der Geschäftsfähigkeit von Kindern und Jugendlichen beschäftig und festgestellt, dass sie für die meisten Geschäfte der Zustimmung ihrer Sorgeberechtigten bedürfen.

Nun gibt es aber auch erwachsene Menschen, die vorübergehend oder dauerhaft in ihrer Geschäftsfähigkeit beschränkt sind.

Das können z. B. Menschen sein, die an Alzheimer erkrankt sind oder die vorübergehend wegen eines Schlaganfalls nicht ansprechbar sind. Vielleicht fallen Ihnen selbst noch weitere Beispiele ein, wo Personen ihre Geschäfte nicht selbst erledigen können und auf Hilfe angewiesen sind.

In solchen Fällen, wenn Menschen ihre Angelegenheiten (teilweise) nicht mehr selbst regeln können, entweder weil sie damit überfordert sind, oder weil sie aufgrund einer Erkrankung in ihrer freien Willensbildung beeinträchtigt sind, kann eine sogenannte Betreuung eingerichtet werden. Das bedeutet, dass durch das zuständige Amtsgericht – man nennt das Amtsgericht in diesem Zusammenhang auch „Betreuungsgericht" – eine Person zur Betreuer*in bestellt wird. Die Betreuer*in wird ermächtigt, rechtswirksam für die zu betreuende Person Rechtsgeschäfte zu tätigen, also z. B. Verträge abzuschließen oder Erklärungen gegenüber Behörden abzugeben.

Wenn Sie später Lust haben, eine selbstständige Tätigkeit auszuüben, könnten Sie zum Beispiel als Betreuer*in arbeiten. Viele Sozialpädagog*innen arbeiten auch bei den Betreuungsbehörden, die prüfen, ob eine Betreuung notwendig ist und dem Betreuungsgericht Vorschläge für die Wahl einer geeigneten Betreuer*in unterbreiten.

Geregelt ist die Betreuung im BGB in den §§ 1814 bis 1881 BGB. Das Verfahren richtet sich nach demselben Gesetz wie bei den zuvor besprochenen Familiensachen, also nach dem FamFG.

2.4.1. Voraussetzungen der Betreuung

Eine Betreuung kann immer dann eingerichtet werden, wenn jemand aufgrund einer psychischen Erkrankung oder aufgrund einer körperlichen, geistigen oder seelischen Behinderung seine Angelegenheit ganz oder teilweise nicht mehr allein regeln kann (§ 1814 Abs. 1 BGB).

Sinn und Zweck dieser Regelung ist es natürlich, Menschen Hilfe anzubieten. Aber nun stellen Sie sich vor, ein Gericht würde entscheiden, dass Sie nicht mehr allein über Ihr Leben und Ihr Geld bestimmen dürfen. Wie würden Sie sich dabei fühlen, wenn Sie für jede Anschaffung, für den Abschluss eines Mobilfunkvertrags oder die Aufnahme einer Nebentätigkeit erst die Zustimmung einer Betreuer*in einholen müssten? Wahrscheinlich würden Sie sich ungerecht behandelt und entmündigt fühlen, weil Sie der Meinung sind, selbst über Ihre Angelegenheiten entscheiden zu können. Deswegen gilt im Grundsatz, dass die Anordnung einer Betreuung gegen den Willen der zu betreuenden Person nicht möglich ist (§ 1814 Abs. 2 BGB).

Es gibt jedoch Ausnahmesituationen, in denen Personen zwar ausdrücklich eine Betreuung ablehnen, dieser entgegenstehende Wille aber unbeachtlich ist, weil die Person krankheitsbedingt gar nicht mehr in der Lage ist, einen freien Willen zu bilden.

Beispiel

A leidet aufgrund einer paranoiden Schizophrenie an schweren Wahnvorstellungen und ist der Meinung, eine riesige, rot gepunktete Spinnenkönigin lebe im Dachgeschoss ihres Hauses. Sie hat daher an mehreren Stellen in ihrer Wohnung unisolierte Stromleitungen offen liegen, damit die Spinne einen Stromschlag bekommt. Die Anordnung einer Betreuung lehnt A vehement ab.

Hier spricht viel dafür, dass die A krankheitsbedingt gar nicht mehr fähig ist, einen freien Willen in Bezug auf ihre Erkrankung zu bilden. Angesichts der offensichtlichen Selbstgefährdung dürfte eine Betreuung veranlasst sein, damit die Betreuer*in auf eine Behandlung von A hinwirken kann.

2.4.2. Das Verfahren bis zur Betreuerbestellung

In Betreuungssachen wird das Betreuungsgericht (so bezeichnet man die beim jeweiligen Amtsgericht zuständige Abteilung für Betreuungssachen, bei kleineren Amtsgerichten kann das auch nur eine einzelne Richter*in sein) tätig, sobald es von einem Sachverhalt Kenntnis erlangt, der möglicherweise die Anordnung einer Betreuung notwendig macht. Anders als bei einer Zivilklage ist das Gericht im Betreuungsverfahren nicht an die Anträge von Verfahrensbeteiligten gebunden, sondern entscheidet von sich aus – von Amts wegen –, welche Maßnahmen erforderlich sind.

In der Regel wird das Gericht durch Anregungen von anderen Personen auf Menschen aufmerksam gemacht, für die vielleicht eine Betreuung eingerichtet werden sollte. So eine Betreuungsanregung kann jederzeit ohne bestimmte Formvorschriften durch beliebige Personen an das Betreuungsgericht oder die zuständige Betreuungsbehörde gerichtet werden. Häufig kommen Betreuungsanregungen von Familienangehörigen, Sozialarbeiter*innen, Ärzt*innen oder Behörden, aber auch von Nachbarn oder anderen Bekannten der zu betreuenden Person.

Das Betreuungsgericht ermittelt dann, ob die Voraussetzungen für eine Betreuung vorliegen, in der Regel indem zunächst eine Stellungnahme der Betreuungsbehörde eingeholt wird. Häufig wird anschließend noch ein medizinisches

Gutachten eingeholt. Schließlich wird die betroffene Person vom Gericht persönlich angehört, bevor eine Entscheidung getroffen wird.

Diese persönliche Anhörung sorgt manchmal für große Überraschung. Denn bei Menschen, die nicht mehr mobil genug sind, um selbst das Gericht aufzusuchen, fährt die Richter*in auch zu ihnen nach Hause. Dann findet die gerichtliche Anhörung manchmal bei Kaffee und Kuchen im Wohnzimmer der zu betreuenden Person statt.

In besonders eiligen Fällen kann auch sehr kurzfristig eine vorläufige, auf sechs Monate befristete Betreuung angeordnet werden, wenn z. B. eine akute Gefahrenlage besteht (§ 300 FamFG). In dem oben beschriebenen Beispiel einer Person, die unter akuten Wahnvorstellungen leidet und sich dadurch erheblich selbst gefährdet, könnte z. B. eine solche vorläufige Betreuung angebracht sein.

2.4.3. Das Betreuungsverhältnis

Wenn eine Betreuung angeordnet wird, kann das Gericht bestimmen, in welchem Umfang dies geschieht. Manchmal wird pauschal eine Betreuung für „alle Angelegenheiten" angeordnet, insbesondere wenn es sich um schwer demenzkranke oder stark geistig behinderte Personen handelte. Meist wird versucht, die Arten von Angelegenheiten konkret zu umschreiben, bei denen die zu betreuende Person Hilfe benötigt, um die Person in ihrer Selbstbestimmung nicht stärker einzuschränken als unbedingt nötig. Man spricht hier von „Aufgabenkreisen", z. B. Vermögenssorge (das beinhaltet dann alle Entscheidungen, die Auswirkungen auf die Finanzen der zu betreuenden Person haben), Aufenthaltsbestimmung (z. B. wenn ein Umzug, etwa in ein Altenheim notwendig ist), Gesundheitsfürsorge oder Organisation der ambulanten Pflege. Es liegt dann in der Verantwortung der Betreuer*in, die Erweiterung der Betreuung auf weitere Aufgabenkreise zu beantragen, wenn sie bemerkt, dass die bisherigen Aufgabenkreise unzureichend sind.

Als Betreuer*in ist man verpflichtet, jährlich einen Bericht abzugeben und, wenn die Vermögenssorge angeordnet wurde, insbesondere Rechenschaft über die Finanzen abzulegen. Kontrolliert werden die Betreuer*innen von den Rechtspflegern am Amtsgericht.

Für diese Tätigkeit des Amtsgerichts fallen Gebühren an, die sich nach den wirtschaftlichen Verhältnissen der zu betreuenden Person bemessen. Die Betreuung kann ehrenamtlich ausgeübt werden, was in der Regel der Fall ist, wenn sie von Angehörigen übernommen wird. Oder es kann eine Berufsbetreuer*in eingesetzt werden, wodurch weitere jährliche Kosten entstehen, die die betreute Person zu zahlen hat. Eine weitere Möglichkeit besteht darin, die Betreuung einem anerkannten Betreuungsverein zu übertragen, der dann seinerseits die Betreuung einzelnen Personen überträgt (§ 1818 Abs. 1 BGB).

2.4.4. Aufhebung der Betreuung

Die Anordnung einer Betreuung ist unbefristet und gilt, bis sie vom Gericht aufgehoben wird. Ein Antrag auf Aufhebung der Betreuung kann jederzeit gestellt werden. Liegen die Voraussetzungen der Betreuung nicht mehr vor, hat das Gericht sie aufzuheben.

Im Rahmen der Anordnung einer Betreuung legt das Gericht auch einen Zeitraum fest, nach dem die Betreuung spätestens überprüft werden soll. Die längstmögliche Frist sind sieben Jahre, dann muss das Gericht von Amts wegen überprüfen, ob die Voraussetzungen der Betreuung weiterhin vorliegen (§ 295 Abs. 2 FamFG). Dazu wird ein medizinisches Gutachten oder Attest eingeholt und die zu betreuende Person wird persönlich angehört. Stellt sich dann heraus, dass eine Betreuung weiterhin benötigt wird, wird sie verlängert. Wenn die Betreuung nicht mehr erforderlich ist, wird sie aufgehoben.

2.4.5. Unterbringungsverfahren

Sie haben sicherlich schon von sogenannten „geschlossenen Anstalten" gehört. Vielleicht denken Sie dabei an die Batman-Filme, in denen einige der Schurken im gruseligen „Arkham Asylum", einer Psychiatrie, eingesperrt werden. In der Realität sind Psychiatrien zum Glück keine düsteren Orte, sondern ähneln normalen Krankenhäusern oder Reha-Einrichtungen.

Richtig ist allerdings, dass es spezielle psychiatrische Einrichtungen gibt, in denen Menschen festgehalten werden, die aufgrund einer psychischen Erkrankung Straftaten begangen haben und voraussichtlich wieder begehen würden. Das sind die sogenannten „forensischen" Psychiatrien. Die Unterbringung in einer solchen forensischen Psychiatrie richtet sich nach den Regeln des Strafrechts, insbesondere § 63 StGB. Zuständig sind dementsprechend Staatsanwaltschaft und die Strafgerichte. Voraussetzung für eine solche Unterbringung ist aber stets, dass die Person bereits eine Straftat begangen hat.

Was können Sie nun tun, wenn Sie bei einer Klient*in den Eindruck haben, dass sie dringend in einer Psychiatrie behandelt werden muss, die Person aber keine Straftat begangen hat?

Beispiel

- *Fall 1:* A wohnt in einer Sozialunterkunft in Bayern und äußert glaubhaft gegenüber den dort tätigen Sozialpädagog*innen, dass er sich noch am selben Tag abends umbringen werde.
- *Fall 2:* Die in Hessen lebende paranoide A, die aufgrund ihrer Wahnvorstellung an eine Riesenspinne in ihrem Dachboden glaubt, kauft mehrere Kanister Benzin und bringt diese in ihre Wohnung. Ihre Nachbarn beobachten sie dabei und haben nun Sorge, dass sie mit dem Benzin das ganze Haus anzünden wird.

Außerhalb des Strafrechts gibt es nur zwei Rechtsgrundlagen, um einen Menschen gegen seinen Willen in eine Psychiatrie einzuweisen. Im Betreuungsrecht ist das der § 1831 BGB. Eine Unterbringung nach Betreuungsrecht ist nur möglich, wenn sich die Person selbst gefährdet.

Daneben gibt es in den Bundesländern unterschiedliche landesrechtliche Vorschriften über öffentlich-rechtliche Maßnahmen bei psychischen Krankheiten, die eine Unterbringung rechtfertigen können. In Bayern wäre das z. B. das Bayerische Psychisch-Kranken-Hilfe-Gesetz (BayPsychKHG), das in § 5 eine Unterbringung bei Selbst- oder Fremdgefährdung ermöglicht. In anderen Bundesländern gibt es vergleichbare Gesetze.

- *Lösung Fall 1:* Wenn die akute Suizidgefahr durch einen Arzt bestätig wird, rechtfertigt das in der Regel eine zwangsweise Unterbringung in einer Psychiatrie. Da es um einen Fall der Selbstgefährdung geht, kommen als Rechtsgrundlagen sowohl § 1831 BGB als auch §§ 5, 11 BayPsychKHG in Betracht.
- *Lösung Fall 2:* Hier droht eine Brandstiftung durch A, mit der sie sich selbst und andere in Gefahr bringen würde. Es liegt also Selbst- und Fremdgefährdung vor, sodass eine betreuungsrechtliche Unterbringung nach § 1831 BGB und eine Unterbringung nach dem hessischen Psychisch-Kranken-Hilfe-Gesetz in Betracht kommen (§§ 9, 17 HessPsychKHG).

Die zwangsweise Unterbringung in einer geschlossenen psychiatrischen Einrichtung stellt aufgrund des damit verbundenen Freiheitsentzugs einen schweren Grundrechtseingriff dar. Solche Unterbringungen werden daher nicht leichtfertig angeordnet und müssen stets befristet werden. Verlängerungen solcher Maßnahmen sind nur nach erneuter medizinischer Untersuchung möglich.

Diese strengen Voraussetzungen sorgen in der Praxis mitunter für Unverständnis im Umfeld der erkrankten Person. Einige Personen mit starken psychischen Erkrankungen beeinträchtigen erheblich die Lebensqualität ihrer Nachbarschaft, z. B. durch verbale Entgleisungen, Verschmutzungen, Lärm oder dergleichen. Allein die Tatsache, dass eine psychisch erkrankte Person ihr Umfeld stört oder belästigt, reicht aber nicht für eine Unterbringung.

3. Staatsorganisations- und Verfassungsrecht

Für Sie als künftige Sozialarbeiter*innen bzw. im sozialen Beriech tätige Personen ist es wichtig, ein Grundverständnis für den Aufbau des Staates und seines Handelns zu bekommen. In vielen Fällen werden Sie in Verwaltungsbehörden (z. B. Jugendämtern) oder Körperschaften tätig sein. Sie sollten dann wissen, welche Stellung und Aufgabe diese im staatlichen System einnehmen und welche Folgen für Ihre Tätigkeit politische Entwicklungen nach sich ziehen können. Eine besonders große Bedeutung für die tägliche Arbeit besitzen die Grundrechte. Sie spielen eine Rolle bei Einzelfallentscheidungen, können Ihre Handlungsspielräume limitieren, aber auch Grund für ein Handeln sein.

Stellen Sie sich zum Beispiel die oben bereits angerissene Konstellation vor, dass Sie als Mitarbeiter*in eines Jugendamtes feststellen, dass in einer durch Sie betreuten Familie Missstände existieren, die möglicherweise eine Kindeswohlgefährdung mit sich bringen. Einerseits müssen Sie hier Zurückhaltung wahren, da jegliche Maßnahme in das durch Art. 6 GG geschützte Erziehungsrecht der Eltern eingreift. Andererseits ist es gerade Ihr Auftrag, die grundrechtlich geschützten Rechte des Kindes zu wahren, z. B. wenn hier Sorge um dessen körperliche Unversehrtheit, die durch Art. 2 Abs. 2 S. 1 GG einem besonderen Schutz unterliegt, besteht. Es existieren unzählige Fallkonstellationen, in denen Sie im Konfliktfeld zwischen verschiedenen grundrechtlich geschützten Positionen agieren müssen. Eine solide Kenntnis einfachgesetzlicher Normen, auf deren Grundlage Sie tätig werden, genügt dann nicht, sondern ein Verständnis der dahinterstehenden Grundrechte ist für eine korrekte Entscheidung wichtig.

3.1. Verfassungsprinzipien

Zum Staatsorganisationsrecht gehören allem voran die fünf Verfassungsprinzipien, auf denen das Grundgesetz basiert: Republikprinzip, Bundesstaatsprinzip, Demokratieprinzip, Rechtsstaatsprinzip und Sozialstaatsprinzip. Vier dieser Prinzipien können der Formulierung des Art. 20 Abs. 1 GG entnommen werden. Dort heißt es: „Die Bundes*republik* Deutschland ist ein *demokratischer* und *sozialer Bundes*staat.“ Das Rechtsstaatsprinzip ist hingegen in Art. 20 Abs. 2 und Abs. 3 GG geregelt, in denen von „Staatsgewalt“ und von der Bindung der drei Gewalten Legislative, Exekutive und Judikative an die verfassungsmäßige Ordnung bzw. an Gesetz und Recht die Rede ist.

Diese fünf Verfassungsgrundsätze gelten für jegliches staatliche Handeln, d. h. wenn eine für den Staat handelnde Person hoheitlich tätig wird, ist sie an diese Prinzipien unmittelbar rechtlich gebunden. Verstößt der Staat durch eine hoheitliche Maßnahme gegen einen der Grundsätze, ist die Maßnahme verfassungswidrig.

Die grundlegende Bedeutung und den hohen Stellenwert dieser Prinzipien in unserer Verfassung erkennt man auch daran, dass sie in ihrem Kernbereich nicht geändert werden können. Grundsätzlich kann der Bundestag mit einer Zweidrittelmehrheit zwar Änderungen des Grundgesetzes beschließen. Davon ausgenommen sind jedoch Art. 1 GG, der die Unantastbarkeit der Menschenwürde festschreibt, sowie die genannten Verfassungsprinzipien, deren Änderung nach Art. 79 Abs. 3 GG unzulässig ist. Die Regelung in Art. 79 Abs. 3 GG wird daher auch als „Ewigkeitsklausel" bezeichnet.

3.1.1. Republikprinzip

Das Republikprinzip hat nur noch geschichtliche Bedeutung und legt fest, dass es kein monarchisches Staatsoberhaupt gibt und nicht mehr geben wird. Eine Wiedereinführung der Monarchie wäre weder auf Bundesebene noch in einzelnen Bundesländern rechtlich möglich, da jedes Gesetz und jede Maßnahme zur Wiedereinführung wegen Verstoßes gegen das Republikprinzip verfassungswidrig und damit nichtig wäre.

3.1.2. Demokratieprinzip

Das Demokratieprinzip regelt die Herrschaft „durch das Volk" und beinhaltet mehrere Unterprinzipien.

Volkssouveränität

Dazu zählt zunächst der Grundsatz der Volkssouveränität, wonach die Staatsgewalt allein vom Volk ausgeht (vgl. Art. 20 Abs. 1 S. 1 GG) und von diesem in Wahlen und Abstimmungen ausgeübt wird. Abstimmungen im Sinne von Art. 20 Abs. 1 S. 1 GG finden allerdings nur ausnahmsweise und nur in den gesetzlich festgelegten Fällen statt, z. B. über eine etwaige Neugliederung von Bundesländern (vgl. Art. 29, 118a GG).

Das Prinzip der Volkssouveränität bedeutet, dass sich alle staatliche Gewalt in einer „ununterbrochenen Legitimationskette" auf das Volk zurückführen lassen muss, sodass am Ende im Grunde genommen immer eine Entscheidung des Volkes steht. Beispiel: Der Bundeskanzler wird von den Abgeordneten des Bundestags gewählt (Art. 63 GG), die Bundestagsabgeordneten wiederum werden vom Volk gewählt (Art. 38 GG), sodass letztlich gesagt werden kann, dass auch die Wahl des Bundeskanzlers „durch das Volk" erfolgt.

Freie Wahlen

Daran anknüpfend gilt das (Unter-)Prinzip, dass Wahlen der Volksvertreter in regelmäßigen Abständen durchgeführt werden und nach bestimmten Wahlgrundsätzen (insbesondere frei, gleich und geheim) erfolgen müssen. Nur so kann dem Volk ein Austausch seiner Repräsentanten auch ermöglicht werden. Die Legislatur- oder Wahlperiode, also die Dauer, für die der Bundestag gewählt wird, ist in Art. 39 Abs. 1 GG auf vier Jahre festgelegt. Eine Verlängerung der Wahlperiode von vier auf fünf Jahre, wie sie bei Kommunalwahlen oder bei den Wahlen zum Europäischen Parlament gilt, durch eine entsprechende Verfassungsänderung ist diskutiert worden. Eine solche Änderung könnte nicht während einer laufenden Wahlperiode, sondern nur für künftige Legislaturperioden vorgenommen werden, weil Volksvertreter, die für vier Jahre gewählt worden sind, ihre eigene Amtsdauer nicht einfach verlängern dürfen.

Repräsentative Demokratie

Zum Demokratieprinzip gehört auch der Grundsatz der „repräsentativen Demokratie", d. h. politische Entscheidungen und die Kontrolle der Regierung als Exekutive erfolgen nicht direkt durch das Volk, sondern durch die von ihm gewählten Repräsentanten im Parlament, also die Bundestagsabgeordneten. Das Gegenstück zu dieser Form der „indirekten" Demokratie ist die direkte Demokratie, wie sie beispielsweise in der Schweiz zu finden ist. Dort wird das Volk durch Abstimmungen direkt an Regierungsentscheidungen beteiligt und erhält dadurch mehr Befugnisse.

Wehrhafte Demokratie

Das weitere (Unter-)Prinzip der „streitbaren" oder „wehrhaften" Demokratie wird auch mit den Worten „Keine Freiheit den Feinden der Freiheit" beschrieben und bedeutet das Vorhandensein von rechtlichen Mitteln und Handlungsmöglichkeiten, mit denen sich der Staat gegen einzelne Personen, Parteien oder Vereinigungen wehren kann und darf, die Grundrechte wie die Meinungs- oder die Versammlungsfreiheit dazu (aus-)nutzen, verfassungsfeindliche Bestrebungen zu verbreiten. Verfassungsfeindliche Verstöße oder Bestrebungen sind solche, die sich gegen die freiheitlich-demokratische Grundordnung richten, d. h. gegen die Verfassung oder die Grundrechte und damit gegen die Demokratie selbst. Wer sich für die Abschaffung der Demokratie engagiert, kann daher seine Freiheit, am demokratischen Diskurs mitwirken zu dürfen, verwirken. Dazu gehört die Möglichkeit, dass Parteien oder Vereinigungen vom Bundesverfassungsgericht (BVerfG) als „verfassungswidrig" verboten werden (vgl. Art. 21 Abs. 2 GG), wie dies bei der KPD oder der NPD in der Vergangenheit bereits geschehen ist. Eine rein innerlich ablehnende Haltung gegenüber der Regierung oder der Verfassung reicht natürlich nicht aus. Vielmehr müssen, damit Mittel der wehrhaften Demokratie zum Einsatz kommen dürfen, Personen, Parteien oder Vereinigungen aktiv „kämpferisch" gegen die freiheitlich-demokratische Grundordnung vorgehen.

Mehrheitsprinzip

Charakteristisch für die Demokratie ist das Mehrheitsprinzip, wonach grundsätzlich die Mehrheit über den politischen Kurs entscheidet, sei es bei Wahlen die Mehrheit der Wählenden, bei Abstimmungen im Parlament die dortige Mehrheit oder die Stimmenmehrheit bei Volksabstimmungen (wie z. B. in der Schweiz).

Chancengleichheit der Parteien

Weiter gehört zum Demokratieprinzip, dass die grundsätzliche Chancengleichheit der politischen Parteien garantiert und hergestellt werden muss, dass es ein Recht auf Opposition gibt und dass auch politische Minderheiten vor Unterdrückung geschützt werden. Der Grundsatz der Chancengleichheit der Parteien wird aus Art. 21 GG in Verbindung mit Art. 3 GG, der den allgemeinen Gleichbehandlungsgrundsatz enthält, abgeleitet und verbietet jede Beeinflussung des Wettbewerbs der Parteien untereinander durch den Staat. Das bedeutet, dass den Parteien u. a. bei Sendezeiten für Wahlwerbespots, dem Zugang zu öffentlichen Einrichtungen (z. B. bei der Überlassung von Rathaussälen) oder auch der Parteienfinanzierung grundsätzlich die gleichen Chancen zugestanden werden müssen.

Kommunikationsgrundrecht

Schließlich ist die Gewährleistung der sog. Kommunikationsgrundrechte, d. h. der Meinungsfreiheit nach Art. 5 Abs. 1 GG, der Versammlungsfreiheit nach Art. 8 Abs. 1 GG und der Vereinigungsfreiheit nach Art. 9 Abs. 1 GG, ein wesentlicher Bestandteil des Demokratieprinzips, da diese die politische Diskussion der Bürger in der Gesellschaft ermöglichen und sicherstellen.

3.1.3. Rechtsstaatsprinzip

Auch das Rechtsstaatsprinzip lässt sich nicht in nur einer Definition beschreiben werden, weil es sich wie das Demokratieprinzip aus mehreren Elementen bzw. Grundsätzen zusammensetzt. Allen gemeinsam ist, dass es um die Bindung staatlicher Gewalt an das Recht geht, sei es die Exekutive in Gestalt des Jugendamtes, das durch Verwaltungsakt einen Leistungsbescheid erlässt, eine Polizeivollzugsbeamt*in bei der Durchführung einer Zwangsmaßnahme, ein Gericht, das ein Urteil spricht oder ein Parlament, das ein Gesetz des Bundes oder eines Landes erlässt. Für sie alle gilt der Vorrang des Gesetzes, nach dem sie sich bei der Ausübung staatlicher Gewalt an geltendes Recht halten müssen. Oder umgekehrt ausgedrückt: Sie dürfen weder gegen die Verfassung selbst noch gegen in der Normenhierarchie untergeordnete Gesetze, egal ob Bundes- oder Landesgesetze, verstoßen. Wenn Sie später eine Tätigkeit in der öffentlichen Verwaltung übernehmen, z. B. als Mitarbeitende einer Behörde wie dem Jugendamt, dann müssen Sie sich stets an die Grundsätze des Rechtsstaatsprinzip halten.

Zum Rechtsstaatsprinzip zählen unter anderem der Grundsatz der Gewaltenteilung, der Vorrang und der Vorbehalt des Gesetzes, das Verhältnismäßigkeitsprinzip sowie das Gebot des effektiven Rechtsschutzes.

Gewaltenteilung

Der Grundsatz der Gewaltenteilung teilt die staatliche Gewalt in die drei oben bereits genannten Bereiche Judikative (Rechtsprechung), Legislative (Gesetzgebung) und Exekutive (ausführende Gewalt, Verwaltung) auf. Durch die Gewaltenteilung sollen eine „Machtkonzentration“ bei nur einer Stelle verhindert und eine gegenseitige Kontrolle der Gewalten gewährleistet werden.

Vorbehalt des Gesetzes

Zu den wichtigsten Elementen des Rechtsstaatsprinzips gehört neben dem Grundsatz des Vorrangs des Gesetzes („kein Handeln gegen das Gesetz“) der Grundsatz des Vorbehalts des Gesetzes („kein Handeln ohne Gesetz“).

Der Grundsatz des Vorbehalts des Gesetzes bedeutet, dass jedes hoheitliche Handeln der Verwaltung einer rechtlichen Grundlage bedarf. Dies gilt vor allem dann, wenn eine hoheitliche Maßnahme gleichzeitig zu einem Eingriff in Grundrechte der Bürger*innen führt, indem sie ihnen Verpflichtungen, Einschränkungen oder Belastungen auferlegt (sog. Eingriffsverwaltung). Beispiele: Eine Person wird von der Polizei durchsucht oder in Gewahrsam genommen; eine Behörde kürzt bereits bewilligte Sozialleistungen.

Im Unterschied zur Eingriffsverwaltung wird der Staat im Bereich der Leistungsverwaltung durch die sog. staatliche Daseinsvorsorge zu Gunsten der Bürger*innen tätig, z. B. durch Schaffung von Infrastruktureinrichtungen wie Schulen, Kindergärten oder Straßen oder durch Gewährung von staatlicher Unterstützung für Bürger*innen in Form von Sozialleistungen oder Subventionen. Nach herrschender Meinung ist für die Vornahme dieser Art von staatlichen Handlungen keine gesetzliche Ermächtigungsgrundlage notwendig. Gleiches gilt für die sog. Fiskalverwaltung, bei der der Staat gar nicht hoheitlich, sondern vielmehr als eine Art Privatperson auftritt bzw. am Rechtsverkehr teilnimmt (Beispiel: Ankauf von Büromaterial für die Verwaltung). Auch hier wird nach herrschender Meinung keine Rechtsgrundlage für das staatliche Handeln gefordert.

Neben der Frage, ob und in welchen Fällen hoheitliches Handeln eine gesetzliche Grundlage benötigt, steht die sog. Wesentlichkeitstheorie. Sie wurde vom Bundesverfassungsgericht entwickelt und besagt, dass alle wesentlichen Entscheidungen innerhalb einer Demokratie vom Parlament, also der Volksvertretung, getroffen und in Form eines (Parlaments-)Gesetzes geregelt werden müssen. Wenn beispielsweise der zu regelnde Sachverhalt besonders intensiv in Grundrechte der Bürger*innen eingreift, muss nach der Wesentlichkeitstheorie das Parlament als originär für die Gesetzgebung zuständiges Organ tätig werden. Eine Wesentlichkeit wird aber auch angenommen, wenn es um öffentlich besonders kontrovers diskutierte Fragen geht, wie z. B. Auslandseinsätze der Bundeswehr.

Verhältnismäßigkeitsprinzip

Zu den wichtigsten Elementen bzw. Unterprinzipien des Rechtsstaatsprinzips gehört der Verhältnismäßigkeitsgrundsatz. Danach müssen hoheitliche Maßnahmen immer maßvoll sein, egal ob es um eine polizeiliche Maßnahme wie z. B. eine Durchsuchung, die Aufhebung oder Kürzung einer Sozialleistung oder um eine eingreifende Maßnahme wie z. B. eine Inobhutnahme von Kindern durch das Jugendamt geht. Die Auswirkungen und möglichen Folgen staatlichen Handelns müssen stets in einem angemessenen Verhältnis zu den Zielen stehen, die mit der Maßnahme verfolgt werden (sog. Übermaßverbot). Es ist wichtig, dass Sie, sollten Sie später in einer Behörde arbeiten, diesen Grundsatz im Hinterkopf behalten und Maßnahmen, mit denen Sie in Grundrechte von Bürger*innen eingreifen, stets darauf überprüfen, ob sie verhältnismäßig sind.

Für die Prüfung der Verhältnismäßigkeit hat sich ein vierstufiges Schema bestehend aus folgenden Punkten etabliert: *legitimer Zweck, Geeignetheit, Erforderlichkeit und Angemessenheit.*

Demnach ist eine staatliche Maßnahme verhältnismäßig, wenn sie einen legitimen Zweck verfolgt und zur Erreichung dieses Zwecks geeignet, erforderlich und angemessen ist. Ein legitimer Zweck liegt vor, wenn durch das staatliche Handeln ein schützenswertes Rechtsgut geschützt werden soll, z. B. die Grundrechte anderer Personen, die freiheitlich-demokratische Grundordnung als ein Gut von Verfassungsrang oder die Rechtsordnung an sich. Ein hoheitliches Handeln ist dann geeignet, wenn das verfolgte Ziel dadurch tatsächlich erreicht oder zumindest gefördert wird. Es reicht meist aus, dass die Maßnahme zur Erreichung des Ziels nicht offensichtlich untauglich ist. Dabei steht dem Gesetzgeber selbst und auch der Verwaltung bzw. Behörde, die das Gesetz anwendet, bei der Frage der Geeignetheit ein weiter eigener Ermessensspielraum zu. Ferner muss eine hoheitliche Maßnahme, wenn sie verhältnismäßig sein soll, auch erforderlich sein. Das bedeutet, dass bei mehreren gleichermaßen geeigneten Maßnahmen, die zur Erreichung des Zwecks in Betracht kommen, diejenige gewählt werden muss, die sich als „mildestes Mittel" darstellt, also für die betroffenen Personen die am wenigsten einschneidende und belastende Alternative ist.

Beispiel

Nachdem es in einer Gemeinde in den letzten Jahren bei den Faschingsumzügen zu Problemen mit Glasscherben von zerbrochenen Flaschen gekommen war, erlässt die Gemeinde ein Alkoholverbot. In diesem Fall ist die Erforderlichkeit der Maßnahme problematisch, da zur Vermeidung von Glasscherben statt eines kompletten Alkoholverbots als milderes Mittel die Auflage, Plastikbecher zu verwenden, möglich gewesen wäre.

Schließlich muss die hoheitliche Maßnahme angemessen sein. Die Angemessenheit wird auch als „Verhältnismäßigkeit im engeren Sinne" bezeichnet. Wie bereits angesprochen darf die Maßnahme nicht außer Verhältnis zu dem mit ihr verfolgten Zweck stehen. Es muss daher zum einen genau festgestellt werden, ob durch die Maßnahme in Grundrechte eingegriffen wird, welche Grundrechte betroffen sind und wie intensiv der Grundrechtseingriff ist. Bei der Intensität wird geprüft, ob lediglich eine geringfügige Beeinträchtigung eines Grundrechts erfolgt oder ob die Ausübung des Grundrechts womöglich fast vollständig aufgehoben wird und damit ein besonders schwerer Grundrechtseingriff vorliegt.

Beispiel

Wird ein Kind gegen den Willen der Eltern in ein Pflegeheim oder in eine Pflegefamilie gegeben, bleibt vom Grundrecht der Eltern auf Pflege und Erziehung ihres Kindes nicht mehr viel übrig, sodass ein schwerer Grundrechtseingriff vorliegt. Hingegen handelt es sich nur um einen leichten Grundrechtseingriff, wenn den Eltern vorgeschrieben wird, ihr Kleinkind in regelmäßigen Abständen ärztlich untersuchen zu lassen.

Zum anderen muss bei der Verhältnismäßigkeitsprüfung festgestellt werden, welches Gewicht das mit der Maßnahme verfolgte Ziel hat. Es muss geprüft werden, welche Rechtsgüter durch die Maßnahme geschützt werden sollen, welche konkreten Schäden für diese Rechtsgüter drohen, die durch die Maßnahme abgewendet werden sollen, und wie hoch daher der Schutzbedarf ist. Bei einer anschließenden Gegenüberstellung des Gewichts der Maßnahme und der Bedeutung des zu erreichenden Zwecks lässt sich feststellen, ob das verfolgte Ziel überwiegt und die Maßnahme daher insgesamt angemessen und verhältnismäßig ist.

Grundsatz der Rechtssicherheit

Zum Rechtsstaatsprinzip gehört auch der Grundsatz der Rechtssicherheit, der das Vertrauen der Bürger*innen in die bestehende Rechtslage schützt. Rechtssicherheit soll u. a. durch das Bestimmtheitsgebot und das Rückwirkungsverbot gewährleistet werden.

Das Bestimmtheitsgebot besagt, dass jedes Gesetz hinreichend bestimmt, d. h. so klar formuliert sein muss, dass die betroffenen Bürger*innen die Rechtslage (gesetzliche Voraussetzungen und daran anknüpfende Rechtsfolge) verstehen und ihr Verhalten daran ausrichten können. Besonders streng gilt dieser Bestimmtheitsgrundsatz im Strafrecht: Dort muss ein gesetzlicher Straftatbestand so bestimmt gefasst sein, dass die betroffene Person erkennen kann, ob ein bestimmtes Verhalten strafbar ist (vgl. Art. 103 Abs. 2 GG). Das Bestimmtheitsgebot gilt nicht nur für Gesetze, sondern auch für Handlungen der Verwaltung, z. B. beim Erlass von Verwaltungsakten (vgl. § 37 VwVfG bzw. § 33 SGB X).

Das Rückwirkungsverbot als zweiter Garant der Rechtssicherheit regelt die Frage, ob, wie und in welchen Fällen Gesetze erlassen werden dürfen, die in die Vergangenheit zurückwirken.

Beispiel

Ein im Jahr 2023 verabschiedetes Gesetz ordnet rückwirkend an, dass das im Jahr 2022 ausgezahlte Kindergeld um 10 % gekürzt wird und zu viel gezahlte Beträge zurückerstattet werden müssen. Diese Regelung stellt für die betroffenen Bürger*innen einen Nachteil dar, denn zum einen werden von ihnen Rückzahlungen verlangt, zum anderen konnten sie sich 2022 nicht darauf einstellen und ihr Verhalten danach ausrichten, etwa durch wirtschaftliches Einkalkulieren des niedrigeren Kindergeldes.

Da Bürger*innen vor einer solchen Situation geschützt werden sollen, ist der Erlass von Gesetzen, die in die Vergangenheit rückwirken, grundsätzlich verboten und nur ausnahmsweise zulässig.

Rechtsschutzgarantie

Schließlich gehört zum Rechtsstaatsprinzip auch, dass Rechtsschutzmöglichkeiten für die Bürger*innen gewährleistet werden. Diese Rechtsschutzgarantie ergibt sich aus Art. 19 Abs. 4 GG und bedeutet, dass es Bürger*innen möglich sein muss, sich gegen staatliche Gewalt oder gegen hoheitliche Akte effektiv zu verteidigen und zur Wehr zu setzen. Sie müssen die Möglichkeit haben, hoheitliche Maßnahmen durch ein Gericht überprüfen zu lassen.

Zur Gewährleistung, dass der verbürgte Rechtsschutz auch „effektiv" ist, haben Rechtsschutzsuchende einen Anspruch darauf, dass in ihrer Sache innerhalb einer angemessenen Zeit entschieden wird und sie vor einer überlangen Dauer des Verfahrens, die natürlich vom zu entscheidenden Einzelfall und dessen Bearbeitungsumfang abhängt, geschützt werden. In diesem Zusammenhang sind auch Eilrechtschutzverfahren zu nennen, bei denen Bürger*innen in Fällen besonderer Eilbedürftigkeit innerhalb weniger Tage oder Wochen eine (vorläufige) gerichtliche Entscheidung bekommen, wenn ein Abwarten auf ein „normales" (Hauptsache)Verfahren zu lange dauern würde.

Beispiel

Eine Ihrer Klient*innen erhält eine Abschiebeanordnung, die sofort vollziehbar ist. Hier muss die betroffene Person die Möglichkeit bekommen, dass ein Gericht innerhalb kürzester Zeit über die ausgesprochene Anordnung entscheidet, weil ein Rechtsschutz nach erfolgter Abschiebung praktisch nicht mehr möglich ist. Dies kann in einem Eilrechtsverfahren erreicht werden, dessen Notwendigkeit und Existenz sich aus dem Recht auf effektiven Rechtsschutz ergibt.

3.1.4. Bundesstaatsprinzip

Wie bereits genannt stellt Art. 20 Abs. 1 GG fest, dass die *Bundes*republik Deutschland ein Bundesstaat ist. Das Bundesstaatsprinzip wird durch mehrere Elemente geprägt. Dazu zählt die Staatsqualität, d. h. der Bund selbst als auch die einzelnen Bundesländer sind Staaten im Sinne des Staatenbegriffs, mit eigenem Staatsgebiet, eigenem Staatsvolk und eigener Staatsgewalt; ferner die Organisationshoheit und Verfassungsautonomie der Länder (Art. 28 I GG), d. h. die Länder verwalten sich grundsätzlich selbst und können sich ihre eigene Verfassung geben, die inhaltlich dem Grundgesetz natürlich nicht widersprechen darf; und zuletzt das Element der Gesetzgebungskompetenz des Bundes oder der Länder.

Gesetzgebungskompetenz

Betrachtet man die Verteilung der Gesetzgebungskompetenz zwischen Bund und Ländern, ergibt sich aus den Art. 30, 70 GG, dass grundsätzlich die Länder für die Gesetzgebung zuständig sind, wenn das Grundgesetz (in den Art. 70 ff. GG) nichts anderes bestimmt. Solche anderweitigen Bestimmungen finden sich in Art. 73 GG, der für die darin aufgezählten Bereiche (z. B. auswärtige Angelegenheiten, Verteidigung, Währung, Luftverkehr, Kernenergie) eine ausschließliche Gesetzgebungskompetenz des Bundes und damit eine Abweichung vom Grundsatz der Zuständigkeit der Länder festlegt. Allerdings können auch auf diesen Gebieten die Länder gesetzgeberisch tätig werden, wenn und soweit ein Bundesgesetz sie dazu ausdrücklich ermächtigt (Art. 71 GG). Daneben gibt es noch die konkurrierende Gesetzgebungskompetenz, die in Art. 74 GG geregelt ist. In den dort aufgezählten Bereichen sind die Länder für die Gesetzgebung zuständig, sofern nicht der Bund von seinem „konkurrierenden" Recht Gebrauch macht und selbst durch den Erlass oder die Änderung eines Gesetzes tätig werden will und damit die Kompetenz an sich zieht. Für diesen Fall nimmt eine weitere Regelung, nämlich Art. 72 Abs. 3 GG, bestimmte Bereiche auf, in denen die Länder dann wiederum eigene abweichende Regelungen treffen dürfen, wenn und obwohl der Bund von seinem konkurrierenden Recht Gebrauch gemacht und eigentlich gerade hierfür ein Gesetz erlassen hat.

Kommt es zu einem Konflikt zwischen Bundesrecht und Landesrecht, regelt Art. 31 GG einen wichtigen Grundsatz, der im Verhältnis zwischen Bund und Ländern gilt: „Bundesrecht bricht Landesrecht". Gemeint ist damit, dass im Falle eines Widerspruchs zwischen einem Bundesgesetz und einem Landesgesetz das Bundesgesetz vorgeht.

Organisationshoheit der Länder

Die Gesetzgebungskompetenz ist von der Frage zu trennen, wer für die Ausführung, also die Umsetzung der Gesetze zuständig ist, da letztere nicht unmittelbar mit der Zuständigkeit für den Erlass zusammenhängt. Aber auch hier gilt grundsätzlich, dass die Länder zuständig sind, soweit nichts anderes geregelt ist (Art. 30, 83 GG). Dem Bund steht jedoch die Möglichkeit offen, „seine“ Gesetze entweder selbst auszuführen (Art. 87 GG) oder diese Aufgabe auf die Länder zu übertragen. Hierbei kann der Bund entscheiden, ob diese die Gesetze „im Auftrag des Bundes“ ausführen, die Länder also als eine Art weisungsgebundene Verrichtungsgehilfen eingesetzt werden (Art. 85 GG), oder ob sie die Ausführung als „ländereigene Sache“ übertragen bekommen und damit in Eigenregie verfahren dürfen (Art. 83 GG).

3.1.5. Sozialstaatsprinzip

Das Sozialstaatsprinzip ist in Art. 20 Abs. 1 GG und in Art. 28 Abs. 1 GG verankert und besagt, dass staatliches Handeln immer auf die Schaffung und den Erhalt sozialer Gerechtigkeit und Sicherheit ausgerichtet sein muss, um eine Chancengleichheit der Bürger*innen zu schaffen.

Bei der sozialen Gerechtigkeit geht es vor allem um den Schutz der Schwächeren, sei es im Bereich der wirtschaftlichen Existenz (z. B. finanzielle Grundsicherung bei Arbeitslosigkeit oder Krankheit), im Rechtsverkehr (z. B. in den Bereichen Arbeitsrecht oder Mietrecht) oder in der Kinder- und Jugendhilfe. Viele Berufe für Sozialpädagog*innen sind in staatlichen Aufgabenbereichen angesiedelt, die Ausfluss des Sozialstaatsprinzips sind.

Geschichtlich betrachtet könnte man die Entstehung des modernen Sozialstaats als Reaktion auf die soziale Frage des 19. Jahrhunderts sehen, wobei bereits die Weimarer Reichsverfassung einzelne Bestimmungen mit sozialstaatlichem Inhalt (vgl. Art. 151 ff. WRV) kannte. Nachdem Industrialisierung und gesellschaftliche Entwicklungen zur Auflösung traditioneller Lebensformen und Absicherungen u. a. innerhalb der Familie geführt hatten, musste der Staat seiner Verantwortung entsprechend die Daseinsvorsorge übernehmen.

Als Konkretisierungen des Sozialstaatsprinzips können die im Grundgesetz festgeschriebenen Grundrechte angesehen werden, die aufgrund ihres jeweiligen Inhalts und Schutzzwecks die öffentliche Gewalt zu einem sozialen Ausgleich zugunsten benachteiligter Bevölkerungsgruppen zwingen. Hier sind Art. 3 Abs. 2 und Abs. 3 GG (keine Diskriminierung aufgrund u. a. des Geschlechts oder der Herkunft), Art. 6 Abs. 4 und Abs. 5 GG (Schutz von Ehe und Familie), Art. 9 Abs. 3 GG (Recht auf Gründung von Gewerkschaften), Art. 14 Abs. 2 und Abs. 3 GG (Sozialbindung des Eigentums und Enteignungen) sowie Art. 15 GG (Gemeineigentum) zu nennen. Auch die Länderverfassungen der einzelnen Bundesländer enthalten das Sozialstaatsprinzip und regeln die diesbezügliche Verantwortung des Staates in einer Art Katalog von sozialen Rechten. Das Gleiche gilt für das Recht der Europäischen Union, die sich in Art. 3 Abs. 3 EU-Vertrag zur Förderung des sozialen Fortschritts und in Art. 9 EU-Vertrag zu einem hohen Maß an sozialem Schutz für ihre Bürgerinnen und Bürger verpflichtet hat.

Das Sozialstaatsprinzip ist einerseits eines der fünf Verfassungsstrukturprinzipien, enthält andererseits aber auch eine Staatszielbestimmung, d. h. eine Regel, die alle handelnden Staatsorgane bindet und zur Verfolgung des Ziels (Schaffung und Erhalt sozialer Gerechtigkeit und Sicherheit) verpflichtet. Für die konkrete Umsetzung dieses Staatsziels ist vor allem die Legislative, also der Gesetzgeber, zuständig, die zu diesem Zweck entsprechende Gesetze schaffen oder ändern muss. Allerdings ist es aufgrund der stetigen gesellschaftlichen und wirtschaftlichen Veränderungen und Weiterentwicklungen schwierig, das Ziel oder die Ziele genau zu definieren. Nach der Rechtsprechung des Bundesverfassungsgerichts gehört jedoch die „Fürsorge für Hilfsbedürftige zu den selbstverständlichen Pflichten" des Sozialstaats, da sie „die Mindestvoraussetzungen für ein menschenwürdiges Dasein" sicherstellt. Außerdem gebiete es das Sozialstaatsprinzip, dass „die staatliche Gemeinschaft in der Regel Lasten mitträgt, die aus einem von der Gesamtheit zu tragenden Schicksal entstanden sind und mehr oder weniger zufällig nur einzelne Bürger oder bestimmte Gruppen von ihnen getroffen haben". Nach dieser Auffassung hat der Sozialstaat also auch eine Entschädigungs- und Wiedergutmachungsfunktion. Daneben hat der Sozialstaat ein Mindestmaß an sozialer Sicherheit zu gewährleisten, indem er soziale Absicherungen u. a. für Alter, Krankheit, Unfall, Arbeitslosigkeit oder Pflegebedürftigkeit (sog. Wechselfälle des Lebens) regelt. Konkret wird dies durch die deutschen Sozialversicherungssysteme geleistet, wobei vor allem die Vergabe sozialer Leistungen einen wesentlichen Teil der Sozialfürsorge ausmacht.

Andererseits ist es wichtig zu verstehen, dass dem Sozialstaatsprinzip kein Rückschrittsverbot entnommen werden kann, d. h. der Gesetzgeber ist grundsätzlich nicht daran gehindert, sozialstaatliche Leistungen, die sich als gegenstandslos oder nicht (mehr) finanzierbar herausstellen, zu kürzen oder zurückzunehmen. Die Sozialversicherungssysteme haben also keinen Bestandschutz.

Neben diesen sozialen Leistungen ist der Sozialstaat auch zur Förderung der Chancengleichheit verpflichtet. Dabei spielt die Existenz eines Bildungssystems, das für die Allgemeinheit zugänglich ist, eine große Rolle. Da es zu den Aufgaben des Sozialstaates gehört, auf eine tatsächliche soziale Gerechtigkeit hinzuwirken, ist der Staat verpflichtet, entsprechende Unterstützungshandlungen vorzunehmen. Aus dem Sozialstaatsprinzip ergibt sich für Bürger*innen daher ein Anspruch auf Sicherung des Existenzminimums, der aus dem Grundrecht auf Leben in Art. 2 Abs. 2 GG in Verbindung mit der Unantastbarkeit der Menschenwürde in Art. 1 Abs. 1 GG hergeleitet wird. Auf dieser Grundlage haben Bürger*innen, wenn die jeweiligen Voraussetzungen vorliegen, einen Anspruch auf Erhalt entsprechender Sozialleistungen. Dies gilt zweifelsfrei dann, wenn es um die Sicherung des physischen Existenzminimums geht. Nicht mehr ganz so klar ist es, wenn es um die Gewährleistung eines „sozialen Existenzminimums“, d.h. die Teilhabe der einzelnen Person am gesellschaftlichen Leben geht. Hier hat grundsätzlich der Gesetzgeber einen weiten Spielraum bei der Definition des Existenzminimums.

Insgesamt lässt sich festhalten, dass dem Sozialstaatsprinzip große Bedeutung zukommt, der konkrete Inhalt und die damit zusammenhängenden Rechte und Pflichten sich jedoch nur schwer konkret fassen lassen und stark von wirtschaftlichen und gesellschaftlichen Entwicklungen abhängen.

3.2. Organisation des Staates

3.2.1. Gewaltenteilung

Ein wichtiger Grundsatz der Organisation des Staates ist die Gewaltenteilung. Durch diese soll staatliche Macht aufgeteilt und begrenzt werden, was Fehlentwicklungen bis hin zum Missbrauch staatlicher Macht verhindern soll. Der Gewaltenteilungsgrundsatz ist als wesentliches Strukturprinzip in Art. 20 Abs. 2 S. 2 GG verankert. Die Ausübung staatlicher Gewalt wird hier nach deren drei wesentlichen Funktionen aufgeteilt in die Gesetzgebende Gewalt (Legislative), die vollziehende Gewalt (Exekutive) und die Rechtsprechende Gewalt (Judikative). Diese Gewalten sollen von getrennten Organen ausgeübt werden. So ist die Gesetzgebung den Parlamenten, die Exekutive der Regierung und Verwaltung und die Rechtsprechung den Gerichten zugewiesen. Hierbei gibt es verschiedene gegenseitige Kontrollmöglichkeiten, teils kommt es aber auch zu Durchbrechungen der Gewaltenteilung.

Neben dieser horizontalen Gewaltenteilung existiert auch eine vertikale Gewaltenteilung die zusätzlich zu einer Kontrolle und Begrenzung staatlicher Macht führt. Hierunter versteht man die föderale Struktur der Bundesrepublik sowie die Existenz von Selbstverwaltungskörperschaften.

3.2.2. Die fünf obersten Bundesorgane

Das Staatsorganisationsrecht kennt fünf oberste Bundesorgane: Bundestag, Bundesrat, Bundesregierung, Bundespräsident und Bundesverfassungsgericht.

Der *Bundestag* ist das Parlament des deutschen Volkes auf Bundesebene und stellt das wichtigste Bundesorgan dar, da es die oberste Vertretung des Volkes ist. Der Bundestag wird nach Art. 39 Abs. 1 S. 1 GG alle vier Jahre gewählt, wobei die Einzelheiten der Bundestagswahl durch das Bundeswahlgesetz (BWahlG) geregelt werden. Allerdings bestimmt das Grundgesetz fünf Wahlrechtsgrundsätze. Nach Art. 38 Abs. 1 S. 1 GG müssen die Wahlen „allgemein, unmittelbar, frei, gleich und geheim" sein:

- *Allgemeinheit der Wahl* bedeutet, dass alle Deutschen die gleiche Fähigkeit haben, wählen zu gehen und gewählt zu werden. Beschränkungen der Allgemeinheit der Wahl gelten z. B. bezüglich des Wahlalters (Art. 38 Abs. 2 GG: Vollendung des 18. Lebensjahres bzw. Volljährigkeit) sowie bei der Voraussetzung der Ansässigkeit im Wahlgebiet (§ 12 Abs. 1 Nr. 2 BWahlG).
- *Unmittelbarkeit der Wahl* bedeutet, dass keine Zwischeninstanz zwischen den Wählern und den gewählten Abgeordneten bestehen darf. Ein Wahlsystem wie in den USA, bei dem sog. Wahlmänner von den Wähler*innen gewählt werden und allein diese dann die Abgeordneten wählen, wäre mit dem Grundsatz der Unmittelbarkeit der Wahl unvereinbar.
- Die *Freiheit der Wahl* gewährleistet, dass die Stimmabgabe unbeeinflusst und frei von jeglichem äußeren Zwang sein muss. Zur Freiheit der Wahl gehört auch ein freies Wahlvorschlagsrecht, d. h. die Parteien sind frei in ihrer Entscheidung, welche Kandidaten sie zur Wahl vorschlagen bzw. aufstellen.
- Der *Grundsatz der Gleichheit der Wahl* bedeutet, dass allen Stimmen das gleiche Gewicht zukommen soll. Daraus folgt insbesondere, dass alle abgegebenen Stimmen den gleichen Zählwert haben, also jede Person eine Stimme hat und auch als eine Stimme gezählt wird.
- Schließlich gilt noch der *Grundsatz der geheimen Wahl*, wonach jede Wähler*in das Recht und die Pflicht hat, während des Wahlakts die Stimme ohne Kenntnisnahme durch eine dritte Person abzugeben. Anders ausgedrückt: Niemand soll gegen den Willen der wählenden Person feststellen können, für wen sie ihre Stimme abgibt. Dafür wird z. B. durch Wahlkabinen oder die Stimmzettelumschläge bei der Briefwahl Sorge getragen. Da zwar niemand verpflichtet ist, Stillschweigen über die Partei oder die Person der eigenen Wahl zu wahren, die Stimmabgabe selbst aber geheim erfolgen muss, ist es nicht erlaubt, mit anderen Personen zusammen eine Wahlkabine zu betreten oder in der Wahlkabine ein Selfie von sich anzufertigen, auf dem die Stimmabgabe erkennbar ist.

Die *Bundesregierung* besteht aus Bundeskanzler*in und Bundesminister*innen. Die Bundeskanzler*in wird gemäß Art. 63 Abs. 1 GG vom Bundestag auf Vorschlag der Bundespräsident*in gewählt. Hierfür benötigt die vorgeschlagene Kandidat*in die Mehrheit der Mitglieder*innen des Bundestages. Die Aufgabenverteilung innerhalb der Bundesregierung richtet sich nach drei Prinzipien:

- Das *Kanzlerprinzip* bedeutet, dass die Bundeskanzler*in die Richtlinien der Politik bestimmt und hierfür die Verantwortung trägt (sog. Richtlinienkompetenz, Art. 65 S. 1 GG).
- Das *Ressortprinzip* besagt, dass jede Bundesminister*in das eigene Ministerium in eigener Verantwortung leitet.
- Das *Kollegialprinzip* regelt, dass bei Meinungsverschiedenheiten zwischen Minister*innen das Kabinett darüber verhandelt (vgl. Art. 65 S. 3 GG, § 15 GO BReg).

Der *Bundesrat* ist die Vertretung der Länder auf Bundesebene (vgl. Art. 50 Abs. 1 GG). Die Vertreter*innen der Länder im Bundesrat werden von den jeweiligen Landesregierungen bestimmt, wobei sich die Anzahl der Vertreter*innen pro Bundesland nach der Größe des jeweiligen Landes richtet (Art. 51 GG).

Die *Bundespräsident*in* ist das Staatsoberhaupt der Bundesrepublik Deutschland und wird durch die Bundesversammlung, die sich je hälftig aus Bundestagsabgeordneten und aus Delegierten der Länderparlamente zusammensetzt, auf fünf Jahre gewählt (Art. 54 GG). Wesentliche Aufgabe des Staatsoberhauptes ist die Repräsentation der Bundesrepublik nach innen und außen, darüber hinaus hat es aber nicht viel eigene politische Macht. Zu den Aufgaben gehört aber u. a. auch die Ausfertigung von Gesetzen, also deren Unterzeichnung (Art. 82 Abs. 1 GG). Dabei steht der Bundespräsident*in ein formelles Prüfungsrecht zu, also die Überprüfung, ob das zu unterzeichnende Gesetz gemäß den Vorschriften des Grundgesetzes über die Gesetzgebungskompetenz und das Gesetzgebungsverfahren zustande gekommen ist. In materieller Hinsicht beschränkt sich die Prüfung hingegen auf die Frage, ob das Gesetz evident gegen die Verfassung verstößt, also offensichtlich grundgesetzwidrig ist.

Das *Bundesverfassungsgericht* mit Sitz in Karlsruhe ist das oberste deutsche Gericht und wacht über die Einhaltung der Verfassung. Seine Richter*innen werden von Bundestag und Bundesrat für die Zeit von zwölf Jahren gewählt. Nach Art. 93 Abs. 1 GG, § 13, 63 ff. BVerfGG ist das Bundesverfassungsgericht zum einen für die Entscheidung in Organstreitverfahren zuständig, also bei Uneinigkeit zwischen verschiedenen obersten Bundesorganen über ihre Rechte und Pflichten aus dem Grundgesetz. Ferner entscheidet es über Bund-Länder-Streitverfahren, in denen Meinungsverschiedenheiten zwischen Bund und Ländern über ihre jeweiligen Aufgaben oder Kompetenzen herrschen. Vor allem ist das Bundesverfassungsgericht aber zuständig für Verfassungsbeschwerden von Bürger*innen, die sich durch den Staat in ihren Grundrechten verletzt fühlen, z. B. durch Verwaltungsentscheidungen, Gerichtsurteile oder Gesetze, wobei einer Verfassungsbeschwerde wegen Verfassungswidrigkeit eines Gesetzes nur sehr eingeschränkt möglich ist. Bei der Verfassungsbeschwerde gegen ein Urteil müssen zuvor alle Instanzen durchlaufen worden sein, und auch dann überprüft das Bundesverfassungsgericht nur, ob eine Verletzung von verfassungsrechtlichen Normen vorliegt. Es ist also keine zusätzliche Gerichtsinstanz, kein „Superrevisionsgericht", das noch einmal eine vollständige Prüfung durchführt, ob die beanstandete staatliche Maßnahme rechtmäßig war. Es kontrolliert nur, ob die Behörde bei der Vornahme der Handlung oder das Gericht bei Erlass des Urteils Grundrechte der betroffenen Person verletzt hat.

3.2.3. Unmittelbare und mittelbare Staatsverwaltung

Bei der Organisation der Verwaltung wird zwischen unmittelbarer und mittelbarer Staatsverwaltung unterschieden:

- Die *unmittelbare Staatsverwaltung* ist das, was Sie vermutlich spontan mit dem Begriff der „Staatsverwaltung" verbinden würden. Der Staat übt die Verwaltung durch seine eigenen unabhängigen Behörden aus, z. B. durch Bezirksregierungen und Landratsämter.
- Daneben gibt es aber auch die *mittelbare Verwaltung*. Diese wird durch rechtlich selbstständige öffentlich-rechtliche Träger (Körperschaften, Stiftungen und Anstalten des öffentlichen Rechts) sowie sog. Beliehene (das sind natürliche Personen oder privatrechtliche juristische Personen, denen staatliche Aufgaben übertragen wurden, z. B. der TÜV) ausgeübt.

Als Student*in kennen Sie natürlich Hochschulen als Beispiel für Körperschaften des Öffentlichen Rechts. Aber auch im Sozialbereich finden sich viele Beispiele für mittelbare Staatsverwaltung, insbesondere die Sozialversicherungsträger wie die Bundesagentur für Arbeit, die Krankenkassen oder die Rentenversicherung.

3.2.4. Kommunale Selbstverwaltung

Eine Besonderheit im Staatsaufbau ist die explizit grundgesetzlich geschützte kommunale Selbstverwaltung. So steht Gemeinden gem. Art. 28 Abs. 2 S. 1 GG das Recht zu, die Angelegenheiten der örtlichen Gemeinschaft im Rahmen der Gesetze in eigener Verantwortung zu regeln. Dadurch werden Gemeinden (gemeint sind damit Gebietskörperschaften, also Städte, Landkreise und Bezirke) sowohl institutionell als Rechtssubjekte (also die Existenz der Gemeinden) als auch objektiv als Rechtsinstitution (Garantie ihres eigenen Aufgabenbereichs) geschützt. Die Gemeinden übernehmen zudem staatliche Aufgaben für das Land.

3.3. Grundrechte

Die herausgehobene Stellung der Grundrechte erkennt man schon daran, dass sie überwiegend gleich am Anfang unserer Verfassung in den Artikeln 1 bis 19 des Grundgesetzes verankert sind. Zudem stellt Art. 1 Abs. 3 GG klar, dass die Grundrechte als unmittelbar geltendes Recht alle drei Gewalten, die Gesetzgebung, die Exekutive und die Rechtsprechung, binden.

3.3.1. Funktionen der Grundrechte

Grundrechte sind in erster Linie Abwehrrechte der Bürger*innen gegen die staatliche Gewalt. In einem freiheitlichen Rechtsstaat wie der Bundesrepublik Deutschland gilt der Grundsatz, dass der Staat jegliche Freiheitsbeschränkung seiner Bürger*innen rechtfertigen muss. Was also nicht verboten ist, ist erlaubt, und Verbote darf der Staat auch nicht ohne Weiteres verhängen. Bei den meisten Grundrechten werden bestimmte, besonders wesentliche Freiheitsrechte ausdrücklich benannt und strenge Voraussetzungen für staatliche Eingriffe in diese Bereiche aufgestellt.

Daneben können sich aus Grundrechten auch Schutzpflichten des Staates zugunsten seiner Bürger*innen ergeben. Er muss in gewissem Umfang dafür einstehen, dass deren Grundrechte auch gegen Eingriffe, die nicht vom Staat selbst ausgehen, geschützt werden. Ein einfaches Beispiel ist der Schutz des Lebens und der körperlichen Unversehrtheit jeder einzelnen Person. Dem Staat ist es also nicht nur selbst verboten, seine Bürger*innen zu töten oder ohne Grund körperlich zu verletzen, sondern er muss sie auch vor Dritten schützen. Diese Pflicht erfüllt er durch den Erlass von Strafvorschriften, die Tötungsdelikte und Körperverletzungen unter Strafe stellen, und durch die Polizei, deren Aufgabe u. a. die Verhinderung solcher Straftaten ist.

Aus manchen Grundrechten können sich auch Teilhaberechte ergeben, so z. B. aus dem Gleichheitssatz des Art. 3 GG. Diese gewähren dem oder der Einzelnen einen Anspruch auf Teilhabe z. B. an Einrichtungen oder Leistungssystemen, die der Staat geschaffen hat. Anders als im Verhältnis zum Staat gelten Grundrechte nur ausnahmsweise unmittelbar zwischen Privatpersonen. Da sie jedoch die objektive Werteordnung mitbestimmen und prägen, wirken sie sich über diese zumindest indirekt auch auf das Verhältnis zwischen den Bürger*innen aus. Man spricht insoweit von der mittelbaren Drittwirkung der Grundrechte.

3.3.2. Prüfung von Grundrechten

Zum Verständnis der Wirkungsweise von Grundrechten ist es sinnvoll, zumindest grob nachzuvollziehen, wie Juristen prüfen, ob eine staatliche Maßnahme in ein Grundrecht eingreift und ob die Grundrechtsbeschränkung gegebenenfalls zulässig ist. Diese Prüfung ist nach einem bestimmten Schema aufgebaut.

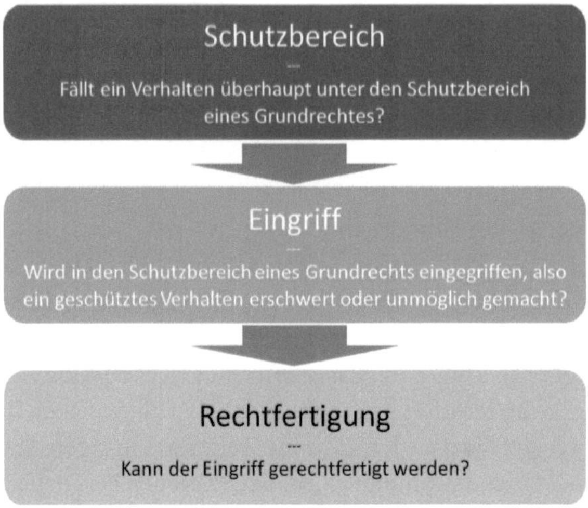

Schutzbereich

Im ersten Schritt muss festgestellt werden, welchen Schutzbereich das betroffene Grundrecht hat und ob der Sachverhalt, um den es geht, in den Schutzbereich des Grundrechtes fällt. Dabei ist zwischen personalem und sachlichem Schutzbereich zu differenzieren.

Beim personalen Schutzbereich geht es um die Frage, ob die betreffende Person sich auf das konkrete Grundrecht berufen darf. So gibt es Grundrechte, die jeden Menschen schützen, wie z. B. die allgemeine Handlungsfreiheit in Art. 2 Abs. 1 GG. Man erkennt das in der Regel schon an der Formulierung der Norm (z. B. „Jeder hat das Recht ..."). Es gibt aber auch Grundrechte, die nur deutschen Staatsbürger*innen zustehen, wie z. B. Art 12 GG. Auch hier wird das bereits am Wortlaut des Gesetzes deutlich („Alle Deutschen haben das Recht ..."). Und es gibt Grundrechte, die nur für natürliche Personen (Menschen) gelten, wohingegen andere auch juristische Personen, z. B. eine GmbH, schützen.

Die Prüfung des sachlichen Schutzbereichs umfasst die Frage, was durch das Grundrecht geschützt wird. Damit werden wir uns unten bei der Darstellung der einzelnen Grundrechte beschäftigen. Auch wenn in einem Fall kein spezielles Grundrecht (z. B. zum Schutz der Meinungsfreiheit, der Religionsausübung, der

Berufswahl) anwendbar ist, kann als sog. Auffanggrundrecht immer noch die allgemeine Handlungsfreiheit gemäß Art. 2 Abs. 1 GG betroffen sein.

Eingriff

Im zweiten Schritt ist zu prüfen, ob in das Grundrecht, dessen Schutzbereich betroffen ist, eingegriffen wird. Ein Eingriff liegt vor, wenn ein Verhalten, das durch das Grundrecht geschützt wird, durch die staatliche Maßnahme unmöglich gemacht oder zumindest wesentlich erschwert wird.

Rechtfertigung

Selbst wenn die ersten beiden Prüfungsschritte ergeben, dass ein Eingriff in den Schutzbereich des Grundrechts vorliegt, bedeutet dies nicht automatisch, dass das Grundrecht auch verletzt ist. Grundrechtseingriffe können gerechtfertigt sein und nur wenn eine Rechtfertigung fehlt ist eine Grundrechtsverletzung gegeben. Der dritte Schritt, bei dem es um die Frage der Rechtfertigung des Eingriffs geht, ist meist der problematischste.

Dazu ist zuerst zu prüfen, auf welcher Grundlage in das Grundrecht eingegriffen werden darf. Einige Grundrechte enthalten ausdrücklich einen sog. Gesetzesvorbehalt. Das bedeutet, dass in das Grundrecht zwar eingegriffen werden darf, aber nur aufgrund eines Gesetzes. Man unterscheidet dabei zwischen „einfachem" Gesetzesvorbehalt (z. B. Art. 2 Abs. 3 S. 3, Art. 8 Abs. 2, Art. 10 Abs. 2 S. 1, Art. 12 Abs. 1 S. 2 GG) und „qualifiziertem" Gesetzesvorbehalt (z. B. Art. 5 Abs. 2, Art. 11 Abs. 2 GG). Bei Letzterem enthält bereits das Grundrecht selbst besondere Anforderungen, die das Gesetz erfüllen muss.

Bei einigen Grundrechten findet sich kein derartiger Gesetzesvorbehalt. Bei ihnen spricht man daher von vorbehaltlos gewährleisteten Grundrechten (z. B. Art. 4 Abs. 1 und 2, Art. 5 Abs. 3 GG). Das bedeutet nicht, dass in diese Grundrechte niemals eingegriffen werden dürfte, sie dürfen jedoch nur aufgrund gegenläufiger („kollidierender") grundrechtlich geschützter Rechte oder im Grundgesetz aufgeführter Verfassungsgüter eingeschränkt werden.

Wird aufgrund eines Gesetzes in ein Grundrecht eingegriffen, ist zunächst auch die Verfassungsmäßigkeit dieses Gesetzes zu prüfen. Ist schon das Gesetz, das den konkreten Eingriff legitimieren soll, formell oder materiell verfassungswidrig, kommt es auf die konkrete Maßnahme gar nicht mehr an. Der Eingriff ist dann nicht gerechtfertigt, und es liegt eine Grundrechtsverletzung vor.

Damit das Gesetz, das einen Grundrechtseingriff rechtfertigen soll, formell verfassungsmäßig ist, müssen bei seinem Zustandekommen alle formellen Voraussetzungen und Erfordernisse wie Zuständigkeit, Gesetzgebungsverfahren und Formvorschriften beachtet worden sein. In materieller Hinsicht ist insbesondere die Verhältnismäßigkeit des Gesetzes zu prüfen. Dazu muss das Gesetz einen legitimen Zweck verfolgen. Zudem muss es geeignet sein, diesen Zweck auch zu erreichen. Es darf also nicht aufgrund „gut gemeinter", aber vollkommen wirkungsloser Gesetze in Grundrechte eingegriffen werden. Und schließlich muss die gesetzliche Regelung erforderlich sein. Der Gesetzgeber ist gehalten, das relativ mildeste geeignete Mittel zu ergreifen. Sind also zwei mögliche Maßnahmen vergleichbar effektiv, um den verfolgten Zweck zu erreichen, ist die Möglichkeit zu wählen, die nicht oder weniger intensiv in Grundrechte eingreift.

Der meist schwierigste Prüfungspunkt ist die Verhältnismäßigkeit im engeren Sinne. Hier muss abschließend eine Abwägung zwischen der Grundrechtsbeeinträchtigung einerseits und dem mit dem Gesetz verfolgten Zweck andererseits erfolgen. Über die Verhältnismäßigkeit im engeren Sinne hinaus müssen noch einige weitere Aspekte beachtet werden. So dürfen keine Einzelfallgesetze erlassen werden (Art. 19 Abs. 1 S. 1 GG), und das in Art. 19 Abs. 1 S. 2 GG grundsätzlich vorgeschriebene Zitiergebot muss gewahrt werden, wobei die Rechtsprechung des Bundesverfassungsgerichts einige Ausnahmen zulässt. Schließlich darf das einschränkende Gesetz das Grundrecht nicht in seinem Wesensgehalt aushöhlen (Art. 19 Abs. 2 GG), und es muss dem Bestimmtheitsgrundsatz genügen, der aus dem Rechtsstaatsprinzip des Art. 20 Abs. 3 GG folgt. Dieser bedeutet, dass ein Gesetz eine für den Betroffenen hinreichend konkrete und vorhersehbare Regelung treffen muss.

Ist das Gesetz, auf das die grundrechtseinschränkende Maßnahme gestützt wird, verfassungsmäßig, kann die konkrete Maßnahme trotzdem noch eine Grundrechtsverletzung darstellen. Es ist daher zu prüfen, ob die Maßnahme überhaupt die im Gesetz vorgeschriebenen Voraussetzungen erfüllt und ob sie ihrerseits verhältnismäßig ist. Bei der Verhältnismäßigkeitsprüfung ist auch hier wieder das Schema „Geeignetheit – Erforderlichkeit – Verhältnismäßigkeit i. e.S." anzuwenden.

3.3.3. Überblick über einzelne Grundrechte

Im Folgenden werden einige der wichtigsten Grundrechte vorgestellt.

Menschenwürde

Die Garantie der Menschenwürde in Art. 1 Abs. 1 GG („Die Würde des Menschen ist unantastbar.") steht nicht von ungefähr an erster Stelle unserer Verfassung. Sie stellt nicht nur ein subjektives Grundrecht, sondern zugleich ein objektives Verfassungsprinzip dar und lässt – wie die Formulierung „unantastbar" schon vermuten lässt – keinen gerechtfertigten Eingriff zu. Nach der sog. Objektformel verbietet die Menschenwürde, dass der Mensch zum bloßen Objekt staatlichen Handels, insbesondere staatlicher Willkür, gemacht wird.

Allgemeine Handlungsfreiheit

Die allgemeine Handlungsfreiheit in Art. 2 Abs. 1 GG ist das klassische Freiheitsgrundrecht und greift oft als Auffanggrundrecht ein, wenn der Schutzbereich anderer speziellerer Grundrechte nicht betroffen ist. Wie das Bundesverfassungsgericht an teils etwas skurril anmutenden Entscheidungen („Reiten im Walde", „Tauben Füttern im Park") herausgearbeitet hat, ist grundsätzlich alles – eben auch das Reiten im Walde oder das Füttern von Tauben – erlaubt, und der Staat benötigt eine Rechtfertigung, um Verbote aussprechen zu können. Auch der personale Schutzbereich dieses Grundrechts ist nicht beschränkt, sondern erstreckt sich auf alle natürlichen Personen sowie juristische Personen (siehe Art. 19 Abs. 3 GG).

Die allgemeine Handlungsfreiheit unterliegt einem allgemeinen Gesetzesvorbehalt. Ein Gesetz zu ihrer Einschränkung muss – wie oben dargestellt – im Hinblick auf das Schutzgut des Art. 2 Abs. 1 GG gerechtfertigt, insbesondere verhältnismäßig sein. Natürlich gibt es unzählige staatliche Verbote und andere Eingriffe in den Schutzbereich des Art. 2 Abs. 1 GG. Das darf aber nicht darüber hinwegtäuschen, dass jeder einzelne dieser Eingriffe einer verfassungsmäßigen Rechtfertigung bedarf.

Recht auf Leben und körperliche Unversehrtheit

Art. 2 Abs. 2 S. 1 GG normiert ausdrücklich das Recht auf Leben und körperliche Unversehrtheit. Der Grundrechtschutz beginnt hier bereits für das ungeborene Kind ab Nidation, also der Einnistung der Eizelle in der Gebärmutter. Geschützt werden die physische Existenz sowie die physische Integrität, nach überwiegender Auffassung aber auch die psychische Gesundheit.

Auch wenn beispielsweise die Todesstrafe in Deutschland durch Art. 102 GG explizit ausgeschlossen ist, können dennoch in seltenen Fällen Eingriffe in das Recht auf Leben gerechtfertigt sein. Ein – wenn auch ethisch sehr umstrittenes – Beispiel ist der sog. finale Todesschuss, bei dem eine Person durch die Polizei getötet wird, um eine Gefahr für Leib und Leben Dritter abzuwenden (z. B. bei einer Geiselnahme).

Eine Konstellation, die schwierige verfassungsrechtliche Probleme gerade im Hinblick auf Art. 2 Abs. 1 S. 1 GG aufwirft, ist der Schwangerschaftsabbruch. Hier muss das Grundrecht des Embryos auf Leben mit dem Grundrecht der schwangeren Person auf Selbstbestimmung über ihren Körper und ihr soziales Leben abgewogen werden. In Deutschland ist dieser Grundrechtskonflikt so gelöst worden, dass ein Schwangerschaftsabbruch grundsätzlich strafbar ist (§ 218 StGB). Innerhalb der ersten zwölf Wochen der Schwangerschaft kann jedoch auf Wunsch der schwangeren Person ein Schwangerschaftsabbruch ohne Angabe von Gründen straffrei durch einen Arzt vorgenommen werden, wenn die schwangere Person zuvor eine Beratung bei einer anerkannten Schwangerschaftskonfliktberatungsstelle in Anspruch genommen hat (§§ 218a, 219 StGB). Nach der zwölften Schwangerschaftswoche kann ein Abbruch der Schwangerschaft straffrei nur aus medizinischen Gründen durchgeführt werden, insbesondere wenn Lebensgefahr für die schwangere Person besteht.

Freiheit der Person

Die Freiheit der Person wird durch Art. 2 Abs. 2 S. 2 GG geschützt. Gemeint ist damit die Fortbewegungsfreiheit, sodass eine Person grundsätzlich nicht gegen ihren Willen an einem Ort festhalten werden darf. Im Unterschied dazu schützt Art. 11 GG die Freizügigkeit der deutschen Staatsangehörigen, also das Recht, sich überall im Bundesgebiet aufzuhalten.

Schon die Existenz beispielsweise von Strafvollzugsanstalten zeigt, dass das Grundrecht der Freiheit der Person nicht unbeschränkt gilt. Eingeschränkt werden kann es nur aufgrund eines förmlichen Gesetzes. Beim Eingriff in die Freiheit der Person wird zwischen bloßen Freiheitsbeschränkungen und Freiheitsentziehungen differenziert. Freiheitsentziehungen sind gemäß Art. 104 GG an den sog. Richtervorbehalt geknüpft. Die Entscheidung über eine Freiheitsentziehung muss also stets ein/e Richter*in treffen.

Gleichheitsgrundrechte

Die Gleichheitsgrundrechte bilden eine besondere Kategorie von Grundrechten. Bei ihnen ist die Prüfung, ob eine Verletzung vorliegt, anders aufgebaut als bei den Freiheitsgrundrechten. Vor allem gibt es hier keinen klassischen Eingriff.

Man unterscheidet den allgemeinen Gleichheitsgrundsatz in Art. 3 Abs. 1 GG, der ähnlich wie Art. 2 Abs. 1 GG bei den Freiheitsgrundrechten eine Art Auffangfunktion besitzt, und spezielle Gleichheitsrechte, wie z. B. die Geschlechtergleichberechtigung in Art. 3 Abs. 2 GG und die besonderen Diskriminierungsverbote in Art. 3 Abs. 3 GG. Zusätzlich finden sich in weiteren Grundgesetzartikeln Gleichheitsrechte, so z. B. in Art. 6 Abs. 1 und Abs. 5 GG.

Sehen wir uns zunächst den allgemeinen Gleichheitsgrundsatz in Art. 3 Abs. 1 GG an. Dieser besagt, dass es allen Trägern hoheitlicher Gewalt – sei es der Gesetzgeber oder die Exekutive – verboten ist, Personen ohne rechtfertigenden Grund, insbesondere willkürlich, ungleich zu behandeln. Geschützt sind alle natürlichen und die in Art. 19 Abs. 3 GG genannten juristischen Personen.

Um zu prüfen, ob eine unzulässige Ungleichbehandlung und damit eine Verletzung des Art. 3 Abs. 1 GG vorliegt, ist zunächst eine Vergleichsgruppe zu bilden. Da das Grundrecht die Ungleichbehandlung von wesentlich Gleichem verbietet, ist zu klären, ob die Personen oder Personengruppen, bei denen eine Ungleichbehandlung vorliegen könnte, überhaupt miteinander vergleichbar sind. Nur wenn dies der Fall ist, kann in einem zweiten Schritt festgestellt werden, ob tatsächlich eine Ungleichbehandlung vorliegt. In einem dritten Schritt stellt sich die Frage, ob eine festgestellte Ungleichbehandlung möglicherweise gerechtfertigt ist. Dies ist nur der Fall, wenn für die Ungleichbehandlung gewichtige sachliche Gründe vorliegen, sie einem legitimen Ziel dient, zu dessen Erreichung geeignet und erforderlich und im Wege einer Abwägung auch im engeren Sinne verhältnismäßig ist. Wenn zwischen der betroffenen Person und der Vergleichsgruppe bereits sachbezogene Unterschiede bestehen, verbietet Art. 3 Abs. 1 GG lediglich eine willkürliche Differenzierung.

Als besonderes Gleichheitsgrundrecht ist die Gleichberechtigung der Geschlechter in Art. 3 Abs. 2 S. 1, Abs. 3 GG normiert. Eine Differenzierung nach dem Geschlecht ist danach unzulässig und kann grundsätzlich nicht gerechtfertigt werden. Sie liegt vor, wenn die unterschiedliche Behandlung kausal am Geschlecht anknüpft.

Art. 3 Abs. 3 S. 2 GG verbietet eine Benachteiligung aufgrund einer Behinderung. Hier kann eine Ungleichbehandlung aber ausnahmsweise gerechtfertigt sein, z. B. durch kollidierendes Verfassungsrecht und insbesondere, wenn aufgrund der Behinderung bestimmte Fähigkeiten fehlen, die im konkreten Fall einen sachlichen Grund für eine Ungleichbehandlung darstellen.

Religions- und Gewissensfreiheit

In Art. 4 Abs. 1, Abs. 2 GG wird die Religionsfreiheit geschützt. Es handelt sich um ein umfassendes Grundrecht, das die Freiheit gewährleistet, nicht nur eine Religion oder Weltanschauung zu haben bzw. einer Religionsgemeinschaft anzugehören, sondern dies auch zu äußern und nach den religiösen Überzeugungen zu handeln („positive“ Religionsfreiheit). Ebenso geschützt wird das Recht, keine Religion auszuüben („negative“ Religionsfreiheit).

Ferner beinhaltet das Grundrecht den Schutz der Gewissensfreiheit. Ein früher sehr relevantes Beispiel für die Gewissensfreiheit war die Kriegsdienstverweigerung aus Gewissensgründen. Art. 4 GG enthält zwar keinen Gesetzesvorbehalt, kann aber durch kollidierendes Verfassungsrecht, also sog. verfassungsimmanente Schranken, eingeschränkt werden.

Kommunikationsfreiheit

Art. 5 Abs. 1 GG umfasst eine ganze Reihe von Grundrechten, die verallgemeinert betrachtet alle Aspekte der Kommunikationsfreiheit betreffen. Allen voran ist hier die Meinungsfreiheit zu nennen, also das Recht, die eigene Meinung zu äußern.

Ebenfalls geschützt ist die Informationsfreiheit, die die Verschaffung von Informationen über allgemein zugängliche Informationsquellen gewährleistet. Es soll hier eine staatlich gelenkte Limitierung von Informationen verhindert werden. Darüber hinaus enthält Art. 5 Abs. 1 GG den Schutz der Presse-, Rundfunk- und Filmfreiheit.

Schutz der Familie

Der Schutz von Ehe und Familie findet sich in Art. 6 Abs. 1 GG. In Art. 6 Abs. 2 GG wird zudem explizit das Erziehungsrecht der Eltern genannt. Hier wird nicht nur ein besonderer Schutzauftrag des Staates konstituiert, sondern Art. 6 Abs. 1 und Abs. 2 GG begründen vor allem Abwehrrechte gegen staatliche Eingriffe.

Für die Tätigkeit in der Sozialen Arbeit spielt Art. 6 GG eine nicht zu unterschätzende Rolle. Viele gesetzgeberische Entscheidungen im Familienrecht und im Sozialrecht beruhen auf den Vorgaben des Art. 6 GG. Zugleich kann es leicht zu Konflikten zwischen dem staatlichen Schutzauftrag z. B. für das Wohl der Kinder und dem grundrechtlich geschützten Elternrecht kommen.

Unter Ehe versteht man die auf Dauer angelegte, auf freiem Entschluss beruhende Verbindung zweier Menschen zu einer Lebensgemeinschaft. Seit 2017 sind auch gleichgeschlechtliche Paare erfasst. Familie ist die umfassende Gemeinschaft von Eltern und ihren Kindern, gleichgültig ob es sich um eheliche oder uneheliche Kinder handelt. Es werden aber auch weitere auf enger familiärer Verbundenheit beruhende Verwandtschaftsbeziehungen grundsätzlich vom Schutzbereich erfasst.

Sowohl der Begriff der Ehe als auch der Familie sind originär verfassungsrechtlich zu definieren und nicht erst durch einfachgesetzliche Regelungen. Andernfalls könnten gesetzliche Definitionen den umfassenden grundrechtlichen Schutz aushöhlen. Generell wird der Schutzbereich eher weit ausgelegt.

Beispiel

Das BVerfG sah eine kommunale Zweitwohnungssteuer, die eine Ehepartner*in belastet, weil sie einen Beruf an einem anderen Ort als der Ehewohnung ausübt, als nicht gerechtfertigten Eingriff in Art 6 Abs. 1 GG an.

Aus Art. 6 Abs. 2 GG folgt nicht nur das Recht der Eltern zur Pflege und Erziehung ihrer Kinder, sondern auch die diesbezügliche Pflicht. Es ist zugleich Aufgabe des Staates, zum Schutz der Kinder darüber zu wachen. In Art. 6 Abs. 4 GG finden sich eine besondere Schutzpflicht und ein Gesetzgebungsauftrag zu Gunsten werdender Mütter. Art. 6 Abs. 5 GG enthält ein besonderes Gleichheitsrecht in Bezug auf nichteheliche Kinder und zugleich einen Auftrag an den Staat, Gleichbehandlung herzustellen.

Schulische Grundrechte

Art. 7 GG nimmt sich des Schulwesens an. In Absatz 1 wird zunächst klargestellt, dass das Schulwesen unter staatlicher Aufsicht steht. Mit der Wahlfreiheit hinsichtlich des Religionsunterrichts (Abs. 2) und der Privatschulfreiheit (Abs. 4) enthält Art. 7 GG auch klassische Freiheitsrechte. Die staatliche Organisation des Schulwesens stellt zugleich eine verfassungsimmanente Schranke für das elterliche Erziehungsrecht aus Art. 6 Abs. 2 GG dar.

Versammlungsfreiheit

Die Versammlungsfreiheit in Art. 8 GG ist neben den oben genannten Kommunikationsgrundrechten die wesentliche Stütze der kollektiven Meinungsfreiheit. Sie ist als Deutschengrundrecht ausgestaltet, wobei Bürger*innen anderer EU-Mitgliedsstaaten aufgrund des Diskriminierungsverbotes über Art. 2 Abs. 1 GG ein vergleichbares Schutzniveau gewährt wird.

Unter dem zentralen Begriff der Versammlung ist eine Zusammenkunft von mindestens zwei Personen zu einem gemeinsamen Zweck zu verstehen. Der typische Fall sind politische Demonstrationen, wohingegen z. B. Konzerte oder Sportveranstaltungen mangels gemeinsamen kommunikativen Zwecks nicht erfasst sind. Geschützt sind ausdrücklich nur friedliche Versammlungen ohne Waffen.

Beispiel

Schutzkleidung und Vermummungen stellen keine Waffen dar, werden aber als Zeichen für Unfriedlichkeit angesehen.

Hinsichtlich möglicher Einschränkungen des Versammlungsrechts ist zwischen Versammlungen in geschlossenen Räumen und solchen unter freiem Himmel, für die Art. 8 Abs. 2 GG einen Gesetzesvorbehalt enthält, zu unterscheiden. „Unter freiem Himmel" meint hier allerdings nicht, ob über einer Versammlung physisch ein Dach angebracht ist, sondern ob die Versammlung frei zugänglich oder aber zu allen Seiten von ihrer Umgebung abgegrenzt und der Zugang damit begrenzt ist.

Aus Art. 8 GG ergibt sich der Grundsatz der Versammlungsfreundlichkeit. Versammlungen genießen daher einen gewissen staatlichen Schutz, z. B. auch gegenüber Störungen durch Dritte.

Beispiel

Eine politisch rechte Gruppierung möchte eine Demonstration abhalten. Es wird mit gewalttätigen Gegendemonstrationen aus dem politisch linken Lager gerechnet. Die Demonstration darf im Hinblick darauf nun nicht einfach untersagt werden, sondern der Staat, also die Polizei, muss die Demonstration ggf. vor gewalttätigen Übergriffen schützen.

Grundsätzlich gilt für Eingriffe in das Grundrecht aus Art. 8 GG die sog. Wechselwirkungslehre. Danach müssen alle beschränkenden Maßnahmen im Lichte der Versammlungsfreiheit und ihrer besonderen Bedeutung für die politische Meinungsbildung in einer freiheitlichen Gesellschaft betrachtet werden.

Berufsfreiheit

Das einheitliche Grundrecht der Berufsfreiheit findet sich in Art. 12 GG. Es gewährleistet einen umfassenden Schutz der Freiheit der Berufswahl und der Berufsausübung einschließlich der entsprechenden Ausbildung. Ebenso geschützt ist die sog. negative Berufsfreiheit, also das Recht, einen bestimmten Beruf nicht zu ergreifen bzw. keinen Beruf auszuüben. Es handelt sich bei Art. 12 GG um ein Deutschengrundrecht, das jedoch auch Bürger*innen aus anderen EU-Mitgliedsstaaten faktisch in gleichem Umfang zusteht, da diese gegenüber Deutschen nicht benachteiligt werden dürfen.

Eingriffe in die Berufsfreiheit können sehr vielfältig sein. Es kann sich dabei um direkte Regulierungen oder Verbote einer Berufsausübung handeln (z. B. Erforderlichkeit einer Gewerbeerlaubnis, Zuverlässigkeitsprüfung für GmbH-Geschäftsführer). Reglementierungen spezifischer Ausbildungen können die Berufswahlfreiheit beschränken (z. B. Numerus clausus für das Medizinstudium). In Betracht kommen aber auch Maßnahmen mit berufsregelnder Tendenz (z. B. einseitige Subventionen für Wettbewerber).

Die Rechtfertigung von Eingriffen in die Berufsfreiheit misst sich an der sog. Dreistufentheorie. Eingriffe, die nur die Berufs*ausübung*, also das „Wie" regulieren, können mit vernünftigen Erwägungen des Allgemeinwohls gerechtfertigt werden. Auf der nächsten Stufe stehen die subjektiven Berufswahlregelungen, bei der die Ausübung des Berufs von in der Person vorliegenden Voraussetzungen abhängig gemacht wird (z. B. besondere Ausbildung oder Zuverlässigkeit). Diese Eingriffe sind nur zum Schutz wichtiger oder besonders wichtiger Gemeinschaftsgüter möglich. Besonders schwer zu rechtfertigen sind objektive Berufswahlregelungen, also Limitierungen, auf die der Einzelne keinen Einfluss hat (z. B. Monopolregelungen). Hier müssen überragend wichtige Gemeinschaftsgüter geschützt werden, um eine Rechtfertigung von Eingriffen zu ermöglichen.

Unverletzlichkeit der Wohnung

Art. 13 GG schützt die Unverletzlichkeit der Wohnung. Diese soll als persönlicher Rückzugsort staatlichen Eingriffen entzogen sein. Daher bedürfen z. B. Durchsuchungen in Wohnungen einer strengen Rechtfertigung und sind unter anderem an den sog. Richtervorbehalt gebunden. Unter Wohnungen versteht man private Räumlichkeiten, die dem längerfristigen Aufenthalt dienen.

Eigentum

Das Eigentum wird grundsätzlich durch Art. 14 GG geschützt. Allerdings unterliegt die Frage, was alles Eigentum ist, naturgemäß rechtlicher Bewertung. Der Begriff des Eigentums ist also normgeprägt. Als Eingriffsmodalitäten kommen Inhalts- und Schrankenbestimmungen sowie unter bestimmten Bedingungen in Abs. 3 Enteignungen in Betracht. Im Grundgesetz wird auch berücksichtigt, dass Eigentum eine Verantwortung für die Allgemeinheit mit sich bringt, vgl. Art. 14 Abs. 2 GG. Neben dem Eigentum wird in Art. 14 GG zudem das Erbrecht geschützt.

Schutz vor Ausbürgerung und Auslieferung

Art. 16 GG schützt vor Ausbürgerung. In der heutigen Gesellschaft bedeutet Staatenlosigkeit faktisch eine weitgehende Rechtlosigkeit. Hiervor sind deutsche Staatsbürger*innen durch Art. 16 GG geschützt. Eine Entziehung ist dabei nie gerechtfertigt, der Verlust kann unter bestimmten Umständen vor allem bei Annahme einer anderen Staatsbürgerschaft eintreten. Eine Auslieferung an ausländische Hoheitsgewalten fällt unter Art. 16 Abs. 2 GG und ist nur unter engen Voraussetzungen möglich.

Asylgrundrecht

Das Grundrecht auf Asyl ist inzwischen weitgehend durch europarechtliche Regeln und nicht nur durch Art. 16a GG geprägt. Grundsätzlich erfasst das Asylgrundrecht nur politisch Verfolgte. Darunter versteht man Personen, die wegen ihrer Rasse, Religion, Nationalität, Zugehörigkeit zu einer sozialen Gruppe oder wegen politischer Überzeugungen Verfolgung mit Gefahr für Leib oder Leben oder der persönlichen Freiheit ausgesetzt sind oder wenn derartige Verfolgung zu befürchten ist. Inzwischen wird weitgehend auch Verfolgung aufgrund der sexuellen Orientierung als Asylgrund anerkannt. Entsprechend der europäischen Asylpolitik nimmt Art. 16a Abs. 2 GG Personen, die aus einem sicheren Drittstaat oder aus einem Mitgliedstaat der Europäischen Union eingereist sind, aus dem persönlichen Schutzbereich des Grundrechts aus. Dies wird aus ethischen Gesichtspunkten vielfach kritisiert.

4. Verwaltungs- und Sozialrecht

4.1. Allgemeines Verwaltungsrecht

Das Verwaltungsrecht regelt die Rechte und Pflichten der öffentlichen Verwaltung bei ihren Handlungen gegenüber Bürger*innen. Im Unterschied zum Privatrecht geht es also nicht um das Verhältnis zwischen Bürger*innen untereinander, sondern um das rechtliche Verhältnis des Staates, in Form der Verwaltung, zu den Bürger*innen. Als zukünftige Sozialarbeiter*innen werden Sie womöglich Teil dieser Verwaltung sein (z. B. wenn Sie im Jugendamt tätig sind) oder Sie werden Klient*innen dabei helfen, sich durch den Dschungel des Verwaltungsrechts zu kämpfen. Dabei werden Sie feststellen, dass das Verwaltungsrecht durchaus sehr spannend und für Ihre Tätigkeit von immenser Bedeutung ist.

Grundsätzlich ist mit „öffentliche“ Verwaltung nichts anderes als die staatliche Verwaltung gemeint, als Teil der Exekutive neben der Regierung. Zur öffentlichen Verwaltung gehören Bund, Länder, Gemeinden, Gemeindeverbände und andere staatliche Körperschaften, Stiftungen oder Anstalten. Insgesamt handelt es sich dabei um staatliche Einrichtungen, die Verwaltungsaufgaben erledigen.

Im allgemeinen Verwaltungsrecht geht es um Grundstrukturen und Grundsätze des Verwaltungsrechts wie den Aufbau der Verwaltung, die Formen, in denen Behörden handeln können, und die verfahrensrechtlichen Anforderungen an das Verwaltungshandeln z. B. durch das Verwaltungsverfahrensgesetz, aber auch um die Auswirkungen von verfassungsrechtlichen Grundsätzen oder die Rechtsschutzmöglichkeiten von Bürger*innen gegen Verwaltungshandlungen.

Das allgemeine Verwaltungsrecht hat unmittelbare Auswirkung auf das sog. besondere Verwaltungsrecht, das Regeln für spezifische Bereiche der Verwaltung enthält, z. B. Baurecht, Kommunalrecht oder Sicherheits- und Ordnungsrecht wie das Polizeirecht. Das Verwaltungsrecht fällt in weiten Teilen in die Gesetzgebungskompetenz der Länder, sodass sich die Regeln von Bundesland zu Bundesland unterscheiden können. Soweit im Folgenden auf das Verwaltungsverfahrensgesetz (VwVfG) Bezug genommen wird, ist das Bundesgesetz gemeint. Wenn Sie später das Verwaltungshandeln einer Landesbehörde prüfen, müssen Sie das Verwaltungsverfahrensgesetz des jeweiligen Bundeslandes heranziehen. Davon zu unterscheiden ist das Sozialverwaltungsrecht, dessen allgemeine Vorschriften sich im Sozialgesetzbuch I und X finden (SGB I und SGB X) und das Anwendung findet, wenn Behörden im Bereich des Sozialrechts tätig werden. Die grundsätzlichen Regeln sind jedoch meist sehr ähnlich, teilweise auch identisch (siehe z. B. die Definition des Verwaltungsaktes in § 35 VwVfG und § 31 SGB X).

4.1.1. Verwaltungshandeln

Verwaltungshandlungen können sich in verschiedenen Ausformungen darstellen. Allen voran ist hierbei der sog. Verwaltungsakt zu nennen. Neben Verwaltungsakten stehen der Verwaltung weitere Handlungsformen zur Verfügung, um ihre öffentlichen Aufgaben zu erfüllen. Dazu gehören sog. Realakte, öffentlich-rechtliche Verträge, Rechtsverordnungen und Satzungen sowie Verwaltungsvorschriften und schließlich privatrechtliches Handeln. Zunächst soll allerdings auf allgemeine Grundsätze des Verwaltungsrechts eingegangen werden, welche für alle der genannten Handlungsweisen übergeordnet Geltung beanspruchen.

Grundsätze des Verwaltungshandelns

Bereits aus dem Rechtsstaatsprinzip ergibt sich, dass alle drei Gewalten bei ihren hoheitlichen Handlungen an Recht und Gesetz gebunden sind (Art. 20 Abs. 3 GG). Auch hier gelten daher die Grundsätze des Vorrangs des Gesetzes, d. h. dass die Verwaltung bei ihren Handlungen und Entscheidungen nicht gegen das Gesetz verstoßen darf und nach der Gewaltenteilung gerade dafür zuständig ist, die Gesetze zu vollziehen.

Der Grundsatz des Vorrangs des Gesetzes wird ergänzt durch den Grundsatz des Vorbehalts des Gesetzes, welcher verlangt, dass jede hoheitliche Handlung auf eine bestimmte Rechtsgrundlage gestützt werden muss, da staatliche Entscheidungen und Handlungen meist in irgendwelche Grundrechte der Bürger*innen eingreifen. Diese Rechtsgrundlagen müssen – sofern sie wesentliche Entscheidungen für die Gemeinschaft darstellen – von der Legislative geschaffen worden sein (Parlamentsvorbehalt), sodass sich die Verwaltung nicht ihre „eigenen" rechtlichen Grundlagen schaffen kann, aufgrund derer sie wiederum auch selbst den Vollzug betreibt. In Bereichen hingegen, die für die Gesellschaft nicht von wesentlicher Bedeutung sind, soll die Verwaltung durch den Erlass von Satzungen und Rechtsverordnungen eigene Regeln setzen dürfen. Wann eine wesentliche Bedeutung vorliegt, kann nicht allgemeinverbindlich festgehalten werden. Zu den Kriterien, die sich dazu grundsätzlich etabliert haben, zählt z. B., ob durch eine bestimmte Rechtsgrundlage bzw. Regelung ein großer Teil der Bürger*innen betroffen ist oder ob besonders schützenswerte Grundrechte tangiert werden.

Beispiel

Will eine Gemeinde in einer städtischen Friedhofssatzung die Verwendung von Grabmalen aus ausbeuterischer Kinderarbeit verbieten, genügen dafür weder das grundsätzlich bestehende Recht von Gemeinden, sich selbst verwalten zu dürfen (vgl. Art. 28 Abs. 2 GG), noch die Bestimmungen in den Gemeindeverordnungen. Denn da durch eine solche Vorgabe in die Berufsfreiheit der Steinmetze aus Art. 12 Abs. 1 GG eingegriffen wird, liegt eine „wesentliche" Entscheidung vor, sodass der parlamentarische Gesetzgeber selbst tätig werden und eine Rechtsgrundlage schaffen muss, die wiederum die Gemeinden zum Erlass entsprechender Satzungen ermächtigt.

Im Bereich der Leistungsverwaltung, also für die Gewährung von Sozialleistungen oder Subventionen, sind hingegen keine derart hohen Anforderungen an die Rechtsgrundlage zu stellen. Da mit der Bewilligung von Leistungen nicht zum Nachteil von Bürger*innen in ein Grundrecht eingegriffen wird, sondern den Bürger*innen eine Vergünstigung zuteil werden soll, reicht hier in der Regel z. B. eine allgemeine Regelung im Haushaltsgesetz.

Aufbau der Verwaltung

Die Organisation der öffentlichen Verwaltung wird durch das Organisationsrecht geregelt. Dieses findet sich in Regelungen im Grundgesetz, in den Landesverfassungen, in verschiedenen Bundes- und Landesgesetzen sowie in Rechtsverordnungen, zu deren Erlass ein Bundes- oder ein Landesgesetz ermächtigt hat. Das Organisationsrecht wird durch das Haushaltsrecht ergänzt, denn die öffentliche Verwaltung erfordert umfangreiche finanzielle Mittel, die im jährlichen Haushaltsplan verteilt und durch das Haushaltsgesetz festgelegt werden. Durch die finanzielle Ausstattung der verschiedenen Stellen für die Wahrnehmung einzelner Aufgaben ergibt sich mithin auch, wer wofür zuständig sein soll.

Die öffentliche Verwaltung besteht zum einen aus Verwaltungsträgern, d.h. aus Organisationen, die die Aufgaben öffentlicher Verwaltungen wahrnehmen, indem sie Verwaltungsbehörden „tragen", also Bedienstete von Behörden anstellen, finanzieren und sich die Handlungen ebendieser zurechnen lassen müssen. Verwaltungsträger sind der Bund, die Bundesländer, die kommunalen Gebietskörperschaften (Gemeinden und Landkreise) und andere Anstalten, Körperschaften oder Stiftungen des öffentlichen Rechts. Man kann sich merken: Verwaltungsträger haben Behörden, sind aber selbst keine Behörden.

Zum anderen gibt es die Verwaltungsbehörden im Sinne des § 1 Abs. 4 VwVfG: „Behörde im Sinne dieses Gesetzes ist jede Stelle, die Aufgaben der öffentlichen Verwaltung wahrnimmt" (die gleichlautende Definition findet sich auch im Sozialrecht in § 1 Abs. 2 SGB X). Die Behördeneigenschaft hat verwaltungsverfahrensrechtliche bzw. prozessuale Folgen. So sind Behörden fähig, am Verwaltungsverfahren beteiligt zu sein (§ 11 Nr. 3 VwVfG), und können Verfahrenshandlungen vornehmen (§ 12 Abs. 1 Nr. 4 VwVfG). Ferner sind auch nur Behörden sachlich zuständig für den Erlass von Verwaltungsakten (vgl. § 35 VwVfG).

Die Zuständigkeit ist entscheidend für das Organisationsrecht und wird auch als Zuordnung von Aufgaben zu einem Verwaltungsträger und seinen Behörden bezeichnet. Bei der Zuständigkeit sind grundsätzlich die sachliche und die örtliche Zuständigkeit zu differenzieren. Wenn Sie später in einer Behörde tätig sind, ist es wichtig, dass Sie stets zuerst prüfen, ob Sie überhaupt zuständig sind. Der Grund dafür ist nicht, dass Sie versuchen sollen, möglichst wenig Arbeit zu haben. Vielmehr ist es schlicht rechtswidrig, wenn Sie in einem Bereich tätig werden, für den Sie nicht zuständig sind. Die örtliche Zuständigkeit betrifft die Frage, ob Sie für ein bestimmtes Gebiet zuständig sind während die sachliche Zuständigkeit bedeutet, ob Sie inhaltlich für die jeweilige Maßnahme zuständig sind.

Beispiel

Angenommen Sie arbeiten in der Wohngeldstelle der Stadt Duisburg und erhalten einen Antrag auf Wohngeld von einer Person, die in Düsseldorf wohnt. Hier wären Sie zwar sachlich zuständig, weil es inhaltlich um die Bewilligung von Wohngeld geht. Allerdings wäre die örtliche Zuständigkeit offensichtlich nicht gegeben, weil die betroffene Person in einer anderen Stadt wohnt.

Wie bereits in Bezug auf die unterschiedlichen Verwaltungsverfahrensgesetze erwähnt wurde, muss zwischen Bundes- und Landesverwaltung unterschieden werden. Mit Bundesverwaltung sind alle Behörden gemeint, deren Träger der Bund ist, also die Bundesrepublik Deutschland. Diese Behörden werden durch den Bundeshaushalt finanziert und Arbeitgeber ihrer Bediensteten ist der Bund. Welche Aufgaben die Bundesbehörden wahrnehmen, regelt u. a. das Grundgesetz in den Artikeln 86 ff. Grundsätzlich lässt sich sagen, dass Bundesbehörden für den Vollzug von Bundesgesetzen zuständig sind. Diese können sie entweder in eigener Verwaltung vollziehen (sog. bundeseigene Verwaltung), oder sie können die jeweiligen Länder mit der Umsetzung beauftragen (Bundesauftragsverwaltung). Bundesbehörden können entweder einen eigenen Verwaltungsaufbau haben, der durch Mehrstufigkeit (obere, mittlere und untere Verwaltungsbehörden) gekennzeichnet ist. Daneben gibt es noch die bundeseigene Verwaltung mit selbstständigen Bundesoberbehörden, die selbst unmittelbar einem Bundesministerium unterstehen, aber keine eigenen nachgeordneten Behörden haben. Von der Möglichkeit der Errichtung von Bundesoberbehörden, die in Art. 87 Abs. 3 GG geregelt ist, hat der Bund umfangreich Gebrauch gemacht (z. B. Bundesnachrichtendienst, Bundeskriminalamt, Bundesamt für Bevölkerungsschutz und Katastrophenhilfe).

Da die einzelnen Bundesländer selbst Staatsqualität besitzen, richtet sich der Aufbau der Landesverwaltung nach der jeweiligen Landesgesetzgebung. Allgemein kann unterschieden werden zwischen unmittelbarer und mittelbarer

Verwaltung. Bei der unmittelbaren Landesverwaltung ist das Land der entsprechende Verwaltungsträger, die Behörden werden aus dem Landeshaushalt finanziert und Arbeitgeber der dort Beschäftigten ist das Land. Die unmittelbare Landesverwaltung umfasst die obersten Landesbehörden (wie die Landesministerien) sowie die oberen, die mittleren und die unteren Verwaltungsbehörden.

Zur mittelbaren Landesverwaltung gehören Anstalten, Körperschaften (hierzu zählen insbesondere auch Gemeinden als Gebietskörperschaften) und Stiftungen des öffentlichen Rechts, die rechtlich selbstständige Verwaltungsträger sind, aber der Rechtsaufsicht des Landes unterstehen.

Der Verwaltungsakt

Der Verwaltungsakt stellt das klassische Handlungsinstrument der Verwaltung dar. In § 35 S. 1 VwVfG wird der Verwaltungsakt definiert als „jede Verfügung, Entscheidung oder andere hoheitliche Maßnahme, die eine Behörde zur Regelung eines Einzelfalls auf dem Gebiet des öffentlichen Rechts trifft und die auf unmittelbare Rechtswirkung nach außen gerichtet ist" (eine inhaltsgleiche Definition für das Sozialverwaltungsrecht findet sich in § 31 S. 1 SGB X). Verwaltungsakte müssen nicht als solche bezeichnet werden, z. B. können Verfügungen, Bescheide, Genehmigungen oder Beschlüsse einen Verwaltungsakt darstellen. Entscheidend ist allein, ob die Voraussetzungen der zuvor genannten Definition erfüllt sind.

Ein Unterfall des Verwaltungsaktes ist die sogenannte Allgemeinverfügung (§ 35 S. 2 VwVfG), die sich dadurch unterscheidet, dass sie eine Regelung nicht nur für eine bestimmte Person enthält, sondern für einen nach allgemeinen Merkmalen bestimmten oder bestimmbaren Personenkreis (z. B. wurden während der Corona-Pandemie viele Hygiene-Vorschriften als Allgemeinverfügung erlassen).

Damit ein Verwaltungsakt vorliegt, müssen zwingend alle in § 35 S. 1 VwVfG genannten Tatbestandsmerkmale erfüllt sein. Diese Merkmale grenzen den Verwaltungsakt von anderen Handlungsformen der Verwaltung ab.

Verwaltungsakt

1. Hoheitliche Maßnahme
2. einer Behörde
3. auf dem Gebiet des öffentlichen Rechts
4. zur Regelung
5. eines Einzelfalls
   (außer Sonderfall Allgemeinverfügung)
6. mit Außenwirkung

Ein Verwaltungsakt setzt zunächst eine hoheitliche Maßnahme voraus. Als Maßnahme gilt jegliches Handeln mit Erklärungsgehalt, welches einer Behörde zugerechnet werden kann. Erklärungen in diesem Sinne können entweder ausdrücklich ausgesprochen oder konkludent (durch schlüssiges Handeln) vorgenommen werden. Um eine Behörde handelt es sich bei jeder Stelle, die Aufgaben der öffentlichen Verwaltung wahrnimmt (§ 1 Abs. 4 VwVfG).

Hoheitlich ist eine Maßnahme dann, wenn die Behörde dabei einseitig von öffentlich-rechtlichen Befugnissen Gebrauch macht. Davon abzugrenzen ist insbesondere der öffentlich-rechtliche Vertrag, der mit einer Verwaltungsbehörde geschlossen werden kann und eine beidseitige Verpflichtungssituation begründet (§§ 54 ff. VwVfG).

Eine Maßnahme einer Behörde ergeht auf dem Gebiet des öffentlichen Rechts, soweit die Rechtsgrundlage bzw. Ermächtigungsgrundlage für das Handeln auch öffentlich-rechtlicher Natur ist, es sich dabei also um eine Vorschrift handelt, die das rechtliche Verhältnis zwischen dem Staat als Hoheitsträger und Bürger*innen regelt. Dazu zählt insbesondere auch das Sozialrecht. Öffentlich-rechtliche Regelungen sind von gesetzlichen Regelungen des Privatrechts abzugrenzen, die typischerweise das Verhältnis zwischen Bürger*innen untereinander regeln. Für die genaue Abgrenzung gibt es in der Rechtswissenschaft verschiedene Theorien. Die Subordinationstheorie knüpft für das Vorliegen einer öffentlich-rechtlichen Regelung daran an, ob in der Regelung ein Über- und Unterordnungsverhältnis erkennbar ist. Eine andere Ansicht geht von einer öffentlich-rechtlichen Regelung aus, wenn die Regelung einen Hoheitsträger als solchen berechtigt und verpflichtet, sich also zumindest auf einer Seite ausschließlich an den Staat oder einen sonstigen Träger hoheitlicher Gewalt in ebendieser Funktion richtet (sog. modifizierte Subjekttheorie) .

Ein in der Praxis häufiger Schwierigkeiten bereitendes Merkmal des Verwaltungsaktes ist das Vorhandensein einer „Regelung“. Hier geht es um die Abgrenzung zum rein tatsächlichen Handeln der Verwaltung (sog. „Realakte“), z. B. in Form von Beratung. Eine Regelung liegt dann vor, wenn die Maßnahme nach ihrem Inhalt auf die Herbeiführung einer Rechtsfolge, also die Begründung, Änderung, Ablehnung oder Aufhebung von Rechten, gerichtet ist. Das ist z. B. der Fall bei Geboten und Verboten oder bei der Erteilung oder Versagung von Erlaubnissen. Eine Regelung liegt indes auch vor, wenn die Verwaltung eine verbindliche Feststellung von Rechten und Pflichten einer Bürger*in oder von deren Rechtsstatus trifft (z. B. Ernennung einer Person zum Beamten oder zur Beamtin; Feststellung der Staatsangehörigkeit einer Person).

Realakte hingegen sind nicht auf die Setzung einer Rechtsfolge gerichtet und stellen sich meist als schlichtes Verwaltungshandeln z. B. in Form von Hinweisen, Auskünften, Stellungnahmen, Empfehlungen, Warnungen oder reinen Wissenserklärungen dar, denen insgesamt ein regelnder Charakter fehlt.

Die Unterscheidung zwischen Realakt und Verwaltungsakt ist in der Praxis wichtig, weil sie unter anderem entscheidend dafür ist, welche Art von Klage statthaft, d.h. im konkreten Fall die „richtige“, ist, wenn Bürger*innen vor Gericht gegen die jeweilige behördliche Maßnahme vorgehen möchten.

Verwaltungsakte sind ferner darauf gerichtet, verbindliche Einzelfallregelungen zu treffen, d.h. einen konkreten Sachverhalt für einen individuellen Personenkreis zu regeln (konkret-individuelle Maßnahmen). Die Regelung eines konkreten Sachverhaltes ist z.B. gegeben, wenn bestimmte Umstände oder Zeit und Ort erfasst werden. Ein individueller Personenkreis liegt vor, wenn die Maßnahme sich gegen oder an bestimmte Adressaten richtet. Dadurch grenzt sich der Verwaltungsakt wiederum von allgemeinen Gesetzen ab. Gesetze sind nämlich abstrakt-genereller Natur, da sie eine Vielzahl von Sachverhalten regeln und für eine unbestimmte Anzahl von Personen gelten, von der Regelung also generell „alle“ betroffen sind und nicht lediglich ein bestimmter Personenkreis.

Eine Zwischenform stellt die sog. Allgemeinverfügung als Unterform des Verwaltungsakts dar (§ 35 S. 2 VwVfG bzw. § 31 S. 2 SGB X für das Sozialverwaltungsrecht). Hierbei handelt es sich um eine konkret-generelle Regelung, die einen konkreten Einzelfall für eine bestimmte Gruppe an Personen regelt (z.B. Benutzungsregelungen für öffentliche Einrichtungen wie Bibliotheken oder Regelungen für Teilnehmer einer bestimmten Versammlung). Für diesen Unterfall des Verwaltungsaktes gelten besondere verfahrensrechtliche Regelungen, insbesondere ist bei Allgemeinverfügungen keine Anhörung der betroffenen Personen erforderlich.

Schließlich müssen Verwaltungsakte auf Außenwirkung gerichtet sein, d.h. die herbeigeführte Regelung darf nicht lediglich den Innenbereich der Verwaltung betreffen, sondern muss außerhalb der Verwaltung entweder einschränkend, erweiternd, feststellend oder in sonstiger Weise regelnd wirken und hierdurch in den Rechtsstatus eines Bürgers oder einer Bürgerin oder einer juristischen Person des Privatrechts eingreifen. Innerdienstliche (An-)Weisungen oder Maßnahmen innerhalb von Verwaltungsträgern – d.h. zwischen verschiedenen Organen einer Behörde – haben in der Regel keine Außenwirkung. Zusammenfassend lässt sich festhalten, dass eine Maßnahme „auf unmittelbare Außenwirkung gerichtet“ ist, wenn sie dazu bestimmt ist, Rechtsfolgen gegenüber verwaltungsexternen Personen oder Stellen zu entfalten.

Beispiel

Auf Antrag wird dem in Augsburg lebenden A durch das Amt für Soziale Leistungen der Stadt Augsburg Wohngeld in bestimmter Höhe gewährt.

Bei dieser Maßnahme handelt es sich um einen Verwaltungsakt, weil alle der oben erläuterten Tatbestandsmerkmale erfüllt sind. Beim Amt für Soziale Leistungen handelt es sich um eine Behörde, weil das Amt öffentliche Aufgaben erfüllt, insbesondere die

Entscheidung über die Gewährung von Wohngeld. Es handelt sich zudem um eine hoheitliche Maßnahme auf dem Gebiet des öffentlichen Rechts. Das Amt gewährt nämlich einseitig eine Leistung auf Basis des Wohngeldgesetzes, das nur den Staat zu der entsprechenden Handlung verpflichtet. Ferner hat die Maßnahme Regelungscharakter, da A eine Leistung bewilligt wird. Weitere Voraussetzung ist, dass ein Einzelfall geregelt wird, es sich also um eine konkret-individuelle Entscheidung handelt. Das ist hier der Fall, weil es sich um eine bestimmte Leistung für eine einzelne Person handelt. Schließlich entfaltet die Maßnahme Außenwirkung, da sie zu Rechtsfolgen gegenüber einer Person außerhalb der Verwaltung führt.

Rechtmäßigkeit von Verwaltungsakten

Nach dem Rechtsstaatsprinzip (Art. 20 Abs. 1, 3 GG) müssen sich alle drei Gewalten, demzufolge auch die Verwaltung als Exekutive, an geltendes Recht halten und dürfen nicht gegen Gesetze verstoßen (Vorrang des Gesetzes). Daneben bedarf es immer einer Rechtsgrundlage für staatliches Handeln, soweit dieses in Grundrechte von Bürger*innen eingreift (Vorbehalt des Gesetzes). Daher müssen auch Verwaltungsakte rechtmäßig sein, d. h. die Verwaltungsbehörden müssen alle einschlägigen Rechtsnormen – seien es Landesnormen wie Rechtsverordnungen oder Satzungen, einfache Gesetze, aber auch die Verfassung – berücksichtigen und dürfen gegen diese nicht verstoßen. Wenn diese Vorgaben erfüllt werden, ist ein Verwaltungsakt rechtmäßig. Wird hingegen beim Erlass des Verwaltungsaktes gegen eine Rechtsnorm verstoßen, ist der Verwaltungsakt rechtswidrig.

Hinsichtlich der Rechtmäßigkeit wird zwischen formeller und materieller Rechtmäßigkeit unterschieden.

Damit ein Verwaltungsakt *formell rechtmäßig* ist, müssen drei Voraussetzungen vorliegen: Zuständigkeit, Verfahren und Form. Voraussetzung für die Rechtmäßigkeit von Verwaltungsakten ist zunächst, dass die sie erlassende Behörde hierfür sachlich und örtlich zuständig ist. Sachlich zuständig ist eine Behörde dann, wenn ihr die Aufgabenwahrnehmung per Gesetz zugewiesen ist. Meist sind diese sachlichen Zuständigkeiten in landesrechtlichen Regelungen zu finden, z. B. in Form von sog. Zuständigkeitsverordnungen, oder sie ergeben sich aus der Rechtsgrundlage selbst. Daneben muss die Behörde auch örtlich zuständig sein. Die örtliche Zuständigkeit regelt, ob die sachlich zuständige Behörde an einem bestimmten Ort den betreffenden Verwaltungsakt erlassen darf. Gemeinden sind z. B. für das gesamte Gemeindegebiet, Landkreise für den gesamten Landkreis örtlich zuständig.

Damit Verwaltungsakte formell rechtmäßig sind, muss bei ihrem Erlass das im jeweiligen Verwaltungsverfahrensgesetz festgelegte Verfahren eingehalten werden. Dazu gehört etwa die Anhörung der betroffenen Person (§ 28 Abs. 1 VwVfG), eine ausreichende Bestimmtheit des Verwaltungsaktes (§ 37 Abs. 1

VwVfG), eine Begründung bei schriftlichen oder elektronischen Verwaltungsakten (§ 39 VwVfG) sowie die ordnungsgemäße Bekanntgabe (§ 41 Abs. 1 VwVfG).

Eine besondere Form müssen Verwaltungsakte grundsätzlich nicht aufweisen. So kann ein Verwaltungsakt schriftlich, elektronisch, mündlich oder durch konkludentes Handeln erlassen werden (§ 37 Abs. 2 S. 1 VwVfG). Lediglich vereinzelt muss eine bestimmte Form gewahrt werden, welche sich dann aus der Rechtsgrundlage, aufgrund derer ein Verwaltungsakt erlassen wird, ergibt (einige besondere Verwaltungsakte wie die Einbürgerung bedürfen z. B. einer Urkunde, § 16 S. 1 StAG).

Schließlich müssen Verwaltungsakte zur formellen Rechtmäßigkeit mit einer Rechtsbehelfsbelehrung versehen sein (§ 37 Abs. 6 VwVfG), aus der für die betroffene Person nachvollziehbar hervorgehen muss, wie und in welcher Frist sie gegen den Verwaltungsakt Rechtsmittel (Widerspruch oder Klage) einlegen kann. Fehlt eine solche Belehrung oder ist sie inhaltlich unrichtig, führt dies indes nicht unmittelbar zur Rechtswidrigkeit des Verwaltungsaktes, sondern zur Verlängerung der Frist, in der die betroffene Person dagegen vorgehen kann.

Während es bei der Frage der formellen Rechtmäßigkeit auf die Einhaltung der Zuständigkeits- und Verfahrensvorschriften ankommt, geht es bei der *materiellen Rechtmäßigkeit* von Verwaltungsakten darum, ob der erlassene Verwaltungsakt geltendem Recht entspricht bzw. die in der Rechtsgrundlage für seinen Erlass festgeschriebenen Voraussetzungen erfüllt. Die jeweiligen Rechtsgrundlagen mit ihren entsprechenden „materiellen" Voraussetzungen können sich in ganz unterschiedlichen Normen finden. So finden sich Rechtsgrundlagen für Sozialleistungen vor allem in den Sozialgesetzbüchern, Rechtsgrundlagen für polizeiliches Handeln hingegen in den jeweiligen Polizeigesetzen der Länder.

Manche Rechtsgrundlagen stellen den Erlass des Verwaltungsaktes in das Ermessen der entscheidenden Behörde, d. h. diese hat bei der Beurteilung, ob sie den Verwaltungsakt erlassen möchte oder nicht, ein Entscheidungsermessen. Das bedeutet, dass der Behörde eine gewisse Freiheit bei der Entscheidung, ob oder wie sie tätig wird, zugestanden wird. Ein Ermessen können Sie meist an der Verwendung des Wortes „kann" erkennen. Lesen Sie z. B. § 17 Abs. 2 AufenthG. Dort heißt es, dass einem Ausländer zum Zweck der Studienbewerbung eine Aufenthaltserlaubnis erteilt werden „kann". Das bedeutet, dass selbst dann, wenn alle in § 17 Abs. 2 AufenthG aufgeführten Voraussetzungen erfüllt sind, es noch im Ermessen der Behörde liegt, ob sie die Erlaubnis ausspricht oder nicht. Gerichtlich überprüft und eingeklagt werden können Verwaltungsakte mit Ermessensspielraum nur insoweit, als die Gerichte überprüfen dürfen, ob sog. Ermessensfehler der Behörde bei der Entscheidungsfindung vorliegen (vgl. § 114 S. 1 VwGO). Solche Fehler können in Form von Ermessensüberschreitungen vorliegen, bei denen die von der Behörde gewählte Rechtsfolge außerhalb des rechtlichen Rahmens liegt, den die angewendete Rechtsgrundlage vorgibt, aber auch in Form von Ermessensunterschreitung, wenn die Behörde gar nicht erkannt hat, dass sie ein eigenes Ermessen hat, oder in Form von Ermessensfehlgebrauch, bei dem die Behörde die Voraussetzungen der Rechtsgrundlage und demzufolge ihre Entscheidung grob falsch eingeschätzt hat.

Damit Verwaltungsakte materiell rechtmäßig sind, darf ferner nicht gegen geltendes höherrangiges Recht, z. B. gegen Grundrechte der betroffenen Person, verstoßen werden. Deswegen muss bei belastenden Verwaltungsakten, also solchen, die in Rechte der betroffenen Person eingreifen, stets der Grundsatz der Verhältnismäßigkeit beachtet werden.

Sind Verwaltungsakte formell oder materiell fehlerhaft, weil die dargestellten Voraussetzungen nicht erfüllt sind, führt dies nicht unmittelbar zu ihrer Unwirksamkeit. Nach §43 Abs. 2 VwVfG gilt:

> „Ein Verwaltungsakt bleibt wirksam, solange und soweit er nicht zurückgenommen, widerrufen, anderweitig aufgehoben oder durch Zeitablauf oder auf andere Weise erledigt ist.“

Damit ist gemeint, dass jeder – auch ein rechtswidriger – Verwaltungsakt grundsätzlich wirksam ist, solange er nicht von der betroffenen Person mit Rechtsmitteln angefochten oder von der Behörde aufgehoben wird. Man spricht insoweit auch von der „Bestandskraft“ des Verwaltungsaktes.

Ist der Verwaltungsakt rechtswidrig, kann er innerhalb eines Monats durch die betroffene Person angefochten und muss in der Regel aufgehoben werden. Bei einigen weniger schwerwiegenden Verfahrens- und Formfehlern gibt es allerdings auch die Möglichkeit, diese nachträglich zu „heilen“. So wird vermieden, dass das komplette Verfahren wiederholt werden muss. Möglichkeiten für die Heilung von Verfahrens- und Formfehlern sind in den §§45, 46 VwVfG geregelt. Meist geht es darum, dass erforderliche Handlungen, die die Behörde versäumt hat, nachgeholt werden können, z. B. die Nachholung einer notwendigen Anhörung der betroffenen Person (§45 Abs. 1 Nr. 3 VwVfG).

Unter bestimmten Voraussetzungen ist ein Verwaltungsakt nicht „nur“ rechtswidrig, sondern nichtig, also von Anfang an unwirksam. Es handelt sich dabei um eine Ausnahme von dem Prinzip der Bestandskraft von Verwaltungsakten dar. Nichtig ist ein Verwaltungsakt nur im Falle ganz besonders schwerwiegender und offensichtlicher Fehler (vgl. §44 Abs. 1 VwVfG). Das ist etwa der Fall, wenn ein schriftlich oder elektronisch erlassener Verwaltungsakt die erlassende Behörde nicht erkennen lässt, sodass die betroffene Person gar nicht ersehen kann, wer ihr etwas abverlangt, oder wenn ein Verwaltungsakt gegen die guten Sitten verstößt.

Widerruf und Rücknahme von Verwaltungsakten

Aus dem Prinzip der Bestandskraft ergibt sich, dass Verwaltungsakte unabhängig von ihrer Rechtmäßigkeit wirksam bleiben bis sie zurückgenommen, widerrufen, aufgehoben oder auf andere Weise erledigt sind (vgl. § 43 Abs. 2 VwVfG). Die Beendigung der Wirksamkeit kann die betroffene Person erreichen, indem sie Widerspruch gegen den Verwaltungsakt einlegt. Der Widerspruch führt dazu, dass die Ausgangsbehörde sich selbst nochmals mit der Angelegenheit befasst. Bleibt die Ausgangsbehörde bei ihrer Entscheidung leitet sie das Verfahren weiter an die nächsthöhere Behörde (sog. Widerspruchsbehörde), die dann im Rahmen des Widerspruchs den angegriffenen Verwaltungsakt überprüft. Hält auch die Widerspruchsbehörde den Verwaltungsakt für rechtmäßig, so kann die betroffene Person ein verwaltungsgerichtliches Verfahren anstrengen, bei dessen erfolgreichem Ausgang der Verwaltungsakt durch das Gericht durch Urteil aufgehoben wird. Je nach Bundesland ist es teilweise auch möglich, statt des vorgeschalteten Widerspruchsverfahrens direkt Klage zum Verwaltungsgericht zu erheben.

Wird der Verwaltungsakt durch die betroffene Person nicht angefochten, kann ein Verwaltungsakt trotzdem von Amts wegen durch die Behörde aufgehoben werden, sei es durch Rücknahme (§ 48 VwVfG) oder Widerruf (§ 49 VwVfG). Die Rücknahme oder der Widerruf sind also behördliche Aufhebungsakte außerhalb eines Rechtsbehelfsverfahrens der betroffenen Person und unabhängig von einem solchen. Rücknahme und Widerruf unterscheiden sich dadurch, dass die Rücknahme rechtswidrige Verwaltungsakte betrifft, während durch den Widerruf rechtmäßige Verwaltungsakte aufgehoben werden. Im Sozialverwaltungsrecht finden sich vergleichbare Regelungen in den §§ 44 f. SGB X.

Ein rechtswidriger Verwaltungsakt kann gemäß § 48 Abs. 1 S. 1 VwVfG auch nachdem er unanfechtbar geworden ist ganz oder teilweise mit Wirkung für die Zukunft oder für die Vergangenheit zurückgenommen werden. An dem Wort „kann" erkennen Sie, dass es sich um eine Ermessensentscheidung der Behörde handelt. Der Grund für dieses weite Ermessen im Rahmen der Rücknahme ist, dass die betroffenen Personen meist kein schützenswertes Interesse am Erhalt eines rechtswidrigen Verwaltungsaktes haben und durch die Rücknahme die Rechtmäßigkeit des Verwaltungshandelns wiederhergestellt werden kann.

Etwas anderes gilt allerdings bei rechtswidrigen begünstigenden Verwaltungsakten, also solchen, durch die der betroffenen Person eine Leistung gewährt wird. Hier ist zu berücksichtigen, dass die betroffene Person in der Regel auf die Rechtmäßigkeit des Verwaltungsaktes vertraut und die empfangenen Leistungen dann auch in ihre Planungen einbezieht. Daher regelt § 48 Abs. 2 VwVfG, dass ein rechtswidriger begünstigender Verwaltungsakt, der eine einmalige oder dauerhafte Geldleistung gewährt, nicht zurückgenommen werden darf, wenn die begünstigte Person ein nachvollziehbares und damit schützenswertes Interesse am Bestand des Verwaltungsaktes hat. Notwendig ist in diesen Fällen also eine Interessensabwägung zwischen dem Interesse der Behörde, einen rechtswidrigen Verwaltungsakt zu beseitigen, und dem Interesse bzw. dem schutzwürdigen Vertrauen der begünstigten Person am Bestand des Verwaltungsaktes.

Wann ein schutzwürdiges Vertrauen gegeben bzw. nicht gegeben ist, regeln §48 Abs. 2 S. 2 und S. 3 VwVfG. Danach kann die betroffene Person sich z. B. nicht auf Vertrauensschutz berufen, wenn sie den Verwaltungsakt „durch arglistige Täuschung, Drohung oder Bestechung erwirkt" (Satz 3 Nr. 1) oder „durch Angaben erwirkt hat, die in wesentlicher Beziehung unrichtig oder unvollständig waren" (Satz 3 Nr. 2). Zwar mag auch in diesen Fällen die betroffene Person auf den (Fort-)Bestand des Verwaltungsaktes gehofft haben, jedoch ist ihr Vertrauen gerade nicht schutzwürdig, da sie die Rechtswidrigkeit des Verwaltungsaktes selbst verursacht hat.

Ein schutzwürdiges Interesse der betroffenen Person soll hingegen dann bestehen, wenn sie „die gewährte Leistung bereits verbraucht hat oder eine Vermögensdisposition getroffen hat, die nicht oder nur unter unzumutbaren Nachteilen rückgängig gemacht werden kann" (§48 Abs. 2 S. 2 VwVfG). Nach §48 Abs. 3 VwVfG können andere begünstigende Verwaltungsakte, also solche, die zwar einen Vorteil für die betroffene Person enthalten, aber nicht aus einer Geldleistung bestehen (z. B. eine Aufenthaltserlaubnis), uneingeschränkt zurückgenommen werden. Ein durch die Rücknahme entstehender Vermögensnachteil bei der betroffenen Person ist jedoch auszugleichen.

Anders formuliert wird bei diesen Verwaltungsakten das Vertrauen auf den Bestand dadurch geschützt, dass ein etwaig erlittener Vertrauensschaden (finanziell) auszugleichen ist. Dieser Ausgleich wird auf Antrag der betroffenen Person durch die Behörde festgesetzt, wobei der Anspruch nur innerhalb eines Jahres geltend gemacht werden kann.

Bei der Rücknahme eines Verwaltungsaktes handelt es sich um eine Ermessensentscheidung, d. h. die Behörde kann ihn zurücknehmen, muss dies aber nicht, wenn sachliche Gründe dagegensprechen. Grundsätzlich besteht die Rücknahmemöglichkeit unter den genannten Voraussetzungen uneingeschränkt. Allerdings kann eine Behörde, wenn sie Kenntnis von Tatsachen erlangt hat, die die Rücknahme eines rechtswidrigen Verwaltungsaktes rechtfertigen, diesen nur innerhalb eines Jahres ab dem Zeitpunkt der Kenntnisnahme zurücknehmen (§48 Abs. 4 VwVfG).

Im wesentlichen Unterschied zur Rücknahme eines rechtswidrigen Verwaltungsaktes geht es beim Widerruf nach §49 VwVfG darum, dass ein rechtmäßiger Verwaltungsakt zurückgenommen werden soll. Bei den Voraussetzungen für den Widerruf von rechtmäßigen Verwaltungsakten wird genau wie bei der Rücknahme danach differenziert, ob es um den Widerruf von belastenden (das ist jeder Verwaltungsakt, der in Rechte der Adressat*in eingreift) oder begünstigenden Verwaltungsakten geht.

Belastende rechtmäßige Verwaltungsakte dürfen in der Regel zurückgenommen werden, weil die Rücknahme eines belastenden Verwaltungsakts für die betroffene Person einen Vorteil darstellt. Ein Widerruf ist allerdings nicht möglich, sofern danach ein Verwaltungsakt gleichen Inhalts (wieder) erlassen werden müsste, weil die Voraussetzungen für den Erlass (wieder) vorliegen würden oder wenn Interessen anderer Bürger*innen betroffen sind (z. B. wären bei Lärmschutzauflagen für eine Kindertagesstätte die Interessen der Nachbarn betroffen). Der Widerruf eines rechtmäßigen begünstigenden Verwaltungsakts ist hingegen in aller Regel nicht möglich, weil ein schutzwürdiges Interesse des Adressaten oder der Adressatin am Erhalt des Verwaltungsaktes besteht.

Etwas anderes gilt nur, wenn einer der § 49 Abs. 2 S. 1 VwVfG genannten Gründe vorliegt. Danach ist ein Widerruf möglich, wenn der Widerruf im erlassenen Verwaltungsakt selbst vorbehalten wurde (Nr. 1), der Verwaltungsakt nur unter der Voraussetzung erlassen wurde, dass der Adressat oder die Adressatin eine bestimmte Bedingung (Auflage) erfüllt, und er oder sie dem nicht nachgekommen ist (Nr. 2) oder die Behörde aufgrund von Tatsachen, die nach dem Erlass eingetreten sind, nunmehr berechtigt wäre, den Verwaltungsakt nicht zu erlassen, und ohne den Widerruf das öffentliche Interesse gefährdet wäre (Nr. 3). Auch in diesem Fall hat der Staat den erlittenen Vertrauensschaden zu ersetzen (§ 49 Abs. 6 VwVfG).

Weiteres Behördenhandeln

Außer durch Verwaltungsakte kann die Verwaltung auch durch schlichtes hoheitliches Handeln, sog. Realakte, tätig werden. Dabei wird keine bestimmte rechtliche Folge geregelt, die den Bürger oder die Bürgerin zu einer bestimmten Handlung, Duldung oder Unterlassung verpflichtet. Bei Realakten handelt es sich typischerweise um Handlungen der Verwaltung in Form von Hinweisen, Empfehlungen, Auskünften, Mitteilungen oder Wissenserklärungen, z. B. auch als Warnungen vor bestimmten Gefahren.

Schlichtes Verwaltungshandeln kann aber auch die Vornahme tatsächlicher Handlungen wie das Auszahlen eines Geldbetrages an einen Bürger oder eine Bürgerin, das Aushändigen einer Urkunde oder die polizeiliche Streifenfahrt sein, solange keine Maßnahme getroffen wird.

Dies ist auch der wesentliche Unterschied zum Verwaltungsakt, der meist als Verbot oder Gebot ergeht. Realakten fehlt das Merkmal der „Regelungswirkung", das dem Verwaltungsakt eigen ist. Anders ausgedrückt sind Realakte auf die Herbeiführung eines bestimmten tatsächlichen Erfolges, Verwaltungsakte hingegen auf die Herbeiführung eines bestimmten rechtlichen Erfolges gerichtet.

In welcher Form eine Behörde handelt, ob also durch Verwaltungsakt oder „nur" durch Realakt, ist in verschiedener Hinsicht von Bedeutung. Die teilweise strengen Anforderungen an die Rechtmäßigkeit von Verwaltungsakten, insbesondere die formellen Voraussetzungen, gelten für Realakte nicht. Das bedeutet allerdings nicht, dass an Realakte gar keine Anforderungen gestellt werden. Bestimmte Grundsätze des Verwaltungsrechts, wie die Einhaltung von Zuständigkeitsregelungen und das Erfordernis einer Rechtsgrundlage sowie die Wahrung der Verhältnismäßigkeit bei Eingriffen in Grundrechte, gelten auch für Realakte.

Von der gewählten Handlungsform sind zudem die jeweiligen Rechtsschutzmöglichkeiten der betroffenen Person, die ihr Anliegen gerichtlich überprüfen lassen möchte, abhängig, z. B. die Statthaftigkeit oder Notwendigkeit eines Widerspruchs gegen einen ablehnenden Bescheid oder die Wahl der richtigen Klageart.

Immer häufiger gehören auch informelle Absprachen, die man auch als „Deals" bezeichnen könnte, zu behördlichen Handlungen in Form von Realakten. Damit sind Absprachen zwischen Verwaltung und Bürger*in gemeint, bei denen ein bestimmter Sachverhalt oder eine Rechtsfrage besprochen wird und die in einer gemeinsamen Entscheidung bzw. Vereinbarung münden. Hierzu gehören z. B. Absprachen über die freiwillige Beseitigung eines rechtswidrigen Zustandes, die eine einseitige staatliche Maßnahme ersetzen soll, wie beispielsweise eine Vereinbarung zur Verhinderung einer Abrissverfügung wegen eines ohne Baugenehmigung erbauten Bauwerkes. Dazu zählen aber auch „Sondierungsgespräche" zwischen einer zuständigen Behörde und einem Vorhabenträger im Rahmen eines Genehmigungsverfahrens, in welchen unverbindliche Bedingungen und Grundsätzliches vorab besprochen werden.

Gerade diese Unverbindlichkeit unterscheidet Realakte und Verwaltungsakte wiederum von einer weiteren Handlungsform der Verwaltung, den sog. öffentlich-rechtlichen Verträgen (§§ 54 ff. VwVfG).

Nach § 54 S. 1 VwVfG können Rechtsverhältnisse auf dem Gebiet des öffentlichen Rechts auch durch Vertrag begründet, verändert oder aufgehoben werden. Das bedeutet, dass die Behörde die Möglichkeit hat, statt eine Regelung einseitig durch Verwaltungsakt herbeizuführen (z. B. Baugenehmigung mit Auflage), eine einvernehmliche Vereinbarung mit dem Bürger oder der Bürgerin triff (z. B. städtebaulicher Vertrag, § 11 BauGB). Grund für eine solche Vorgehensweise kann z. B. sein, durch die mit dem Vertragsschluss verbundene Verhandlung eine bessere Akzeptanz der Regelung zu erreichen und dadurch Rechtsstreitigkeiten zu vermeiden.

Genau wie im Zivilrecht kommt ein öffentlich-rechtlicher Vertrag durch zwei übereinstimmende Willenserklärungen, konkret Angebot und Annahme, zustande. Entscheidendes Kriterium ist, ob beide Parteien, also Bürger*in und jeweilige Behörde, sich rechtlich binden und damit Träger von Rechten und Pflichten sein wollen. Typische Beispiele für öffentlich-rechtliche Verträge sind Subventionsverträge, in welchen sich die Behörde als Hoheitsträger verpflichtet, eine bestimmte Leistung zu gewähren, oder Verträge über die Benutzung einer öffentlichen Einrichtung.

Für öffentlich-rechtliche Verträge gelten im Wesentlichen dieselben rechtlichen Anforderungen wie für Verwaltungsakte. Insbesondere muss also die handelnde Behörde zuständig sein und es bedarf für das behördliche Handeln einer Rechtsgrundlage, deren Voraussetzungen erfüllt sein müssen. Im Gegensatz zu den meisten zivilrechtlichen Verträgen kann ein öffentlich-rechtlicher Vertrag nicht mündlich abgeschlossen werden, sondern bedarf der Schriftform (vgl. § 57 VwVfG). Wie beim Verwaltungsakt ist ein rechtswidriger öffentlicher-Vertrag grundsätzlich wirksam. Nur besonders schwerwiegende Fehler führen zur Nichtigkeit. Die Nichtigkeitsgründe sind abschließend in § 59 VwVfG aufgezählt.

Außer in Form von Verwaltungsakten, Realakten und öffentlich-rechtlichen Verträgen kann die Verwaltung auch dadurch handeln, dass sie eigene Rechtsetzung betreibt. Nach der Gewaltenteilung obliegt das Gesetzgebungsrecht grundsätzlich der Legislative. In bestimmten gesetzlich geregelten Fällen wird jedoch die Verwaltung als Exekutive ermächtigt, eigenes Recht zu schaffen. Man spricht hierbei auch von „abgeleiteter Rechtsetzung". Hierzu zählen namentlich Rechtsverordnungen und Satzungen.

Nach Art. 80 Abs. 1 S. 2 GG müssen sich Inhalt, Zweck und Ausmaß der Ermächtigung zum Erlass einer Rechtsverordnung aus dem zugrunde liegenden formellen Gesetz der Legislative ergeben.

Rechtsverordnungen unterscheiden sich von Verwaltungsakten dadurch, dass sie abstrakt-generelle Regelungen treffen, also ein abstrakter Sachverhalt geregelt wird, der für einen unbestimmten Personenkreis gelten soll. Beispiel aus der jüngeren Vergangenheit: Die „Corona-Verordnung", welche allen Bürgern u. a. den Ausgang nach einer bestimmten Uhrzeit untersagte, sofern keine zulässigen Ausnahmen vorlagen. Ein abstrakter Sachverhalt – Verlassen der Wohnung nach einer bestimmten Uhrzeit – wurde für einen unbestimmten Personenkreis – „alle" – geregelt. Diese Eigenschaft teilt die Rechtsverordnung mit formellen Gesetzen der Legislative. Rechtsverordnungen kommt daher in der gleichen Weise wie diesen eine uneingeschränkte und unmittelbare Außenwirkung zu.

Neben Rechtsverordnungen gehören auch Satzungen zu den untergesetzlichen Landesnormen. Öffentlich-rechtliche Satzungen sind Rechtsvorschriften, die in aller Regel von einer juristischen Person des öffentlichen Rechts geschaffen werden dürfen und auf ein formelles Parlamentsgesetz zurückgeführt werden können, also abgeleitete Rechtsnormen wie die Rechtsverordnung.

Beispiel

Das Landesparlament erlässt ein Gesetz, dass die Zulassung zu Hochschulen regelt. In diesem Gesetz wird das Bildungsministerium ermächtigt, die Einzelheiten zur Durchführung des Verfahrens durch Rechtsverordnung zu regeln. Das Ministerium erlässt daraufhin eine Hochschulzulassungsverordnung, in der wiederum die Hochschulen ermächtigt werden, Detailfragen und Unterschiede bei den einzelnen Fakultäten durch Satzung zu regeln.

Als letzte Handlungsform sind Verwaltungsvorschriften zu nennen. Der größte Unterschied zu den bereits dargestellten Handlungsmöglichkeiten der Verwaltung besteht darin, dass Verwaltungsvorschriften sog. Binnenrecht innerhalb der Verwaltung regeln und keine (Rechts-)Wirkung nach außen entfalten. Verwaltungsvorschriften sind allgemeine Anordnungen bzw. Anweisungen der „höheren" Verwaltung gegenüber untergeordneten Verwaltungsstellen, welche die interne Verwaltungsorganisation bzw. das Verhalten der Verwaltung selbst regeln. Hierzu zählen z. B. Organisations- und Dienstvorschriften, durch die bestimmte Dienstabläufe oder die Aufgabenverteilung geregelt werden sollen.

Es gibt aber auch gesetzesinterpretierende Verwaltungsvorschriften, d. h. Auslegungsrichtlinien, die den jeweils zuständigen Entscheidungsträgern innerhalb der Verwaltung vorgeben, wie sie ein bestimmtes Gesetz anzuwenden haben. Bei einer Sozialleistung wie dem BAföG könnte z. B. verwaltungsintern einheitlich geregelt werden, in welchen Fällen weitere Nachweise für das Vermögen verlangt werden. Solche Verwaltungsvorschriften stellen zwar eine Einschränkung für den jeweiligen Entscheidungsträger dar, sind aber hilfreich, um einen gleichmäßigen Vollzug bestimmter gesetzlicher Regelungen zu gewährleisten und zu verhindern, dass das Ergebnis nicht von einzelnen Verwaltungsbeamten bzw. deren Rechtsauffassung abhängig ist.

4.1.2. Verwaltungsprozessrecht

Im Verwaltungsprozessrecht geht es vor allem um die Frage, wie Bürger*innen sich gegen hoheitliche Maßnahmen wehren oder ihre Rechte einfordern bzw. einklagen können. Dabei sind verschiedene Zuständigkeitsregeln zu beachten. Abhängig vom sog. Klagebegehren, d. h. dem konkreten Anliegen, das mit der Klage verfolgt werden soll, muss die passende („statthafte") Klageart gewählt werden.

Zwar werden Sie als zukünftige Sozialarbeiter*innen wohl eher selten unmittelbar verwaltungsrechtliche Klagen vor Gericht vertreten. Dennoch ist es wichtig, Grundzüge des Prozessrechts zu kennen, z. B. um Klient*innen zumindest eine erste Einschätzung geben zu können, wie sie sich gegen für sie nachteiliges Verwaltungshandeln wehren können.

Gerichtszuständigkeiten

Die zentrale Norm zur Begründung der Zuständigkeit der Verwaltungsgerichte ist §40 Verwaltungsgerichtsordnung (VwGO). Danach ist der Verwaltungsrechtsweg eröffnet „in allen öffentlich-rechtlichen Streitigkeiten nichtverfassungsrechtlicher Art, soweit die Streitigkeit nicht durch Bundesgesetz einem anderen Gericht ausdrücklich zugewiesen ist".

Für Tätigkeiten im Bereich der Sozialen Arbeit ist häufig die Abgrenzung zur Sozialgerichtsbarkeit besonders relevant. Die Zuständigkeit der Sozialgerichte ergibt sich aus §51 Sozialgerichtsgesetz (SGG). Nach §51 Abs. 1 Nr. 1–10 SGG entscheiden die Sozialgerichte als besondere Verwaltungsgerichte über öffentlich-rechtlichen Streitigkeiten in Angelegenheiten der Sozialversicherung sowie in weiteren sozialrechtlichen Teilgebieten, die entweder in §51 Abs. 1 Nr. 1–10 SGG aufgezählt sind oder sich wiederum aus speziellen Gesetzen ergeben. Zudem sind die Sozialgerichte zuständig für Streitigkeiten wegen der gesetzlichen Krankenversicherung und der Pflegeversicherung, die privatrechtlicher Natur sind (vgl. §51 Abs. 2 SGG). Es handelt sich dabei um eine Sonderzuweisung, die gegenüber der Zuständigkeit der Verwaltungsgerichte vorgeht.

Klagearten im Verwaltungsprozess

Die Generalklausel in §40 Abs. 1 VwGO eröffnet den Verwaltungsrechtsweg und damit die Möglichkeit verwaltungsgerichtlichen Rechtsschutzes. Sie sagt jedoch nichts darüber aus, wie dieser Rechtsschutz im Einzelnen ausgestaltet ist, insbesondere welche Voraussetzungen vorliegen müssen, damit eine Klage zulässig ist und ein Verwaltungsgericht sich überhaupt mit der Streitangelegenheit befasst. Dies hängt davon ab, welche der verschiedenen Klagearten, die die Verwaltungsgerichtsordnung vorsieht, im Einzelfall statthaft ist.

Für die Wahl der richtigen Klageart kommt es darauf an, was die betroffene Person mit ihrer Klage begehrt (vgl. § 88 VwGO). So findet sich oft auch die Formulierung, die richtige Klageart richte sich nach dem Klägerbegehren, d. h. ob mit der Klage ein gestaltendes Urteil, ein Leistungsurteil oder ein Feststellungsurteil angestrebt wird. Grundsätzlich lassen sich daher Gestaltungsklagen, zu denen die Anfechtungsklage und die Verpflichtungsklage gehören, Leistungsklagen und Feststellungsklagen unterscheiden. Dabei hängen die verschiedenen Klagearten eng damit zusammen, in welcher Handlungsform die Verwaltung zuvor gegenüber der klagenden Person tätig geworden ist, also z. B. ob ein Verwaltungsakt oder ein Realakt angegriffen werden soll. Im Folgenden werden die Klagearten anhand der Verwaltungsgerichtsordnung (VwGO) dargestellt. Dieselben Klagearten finden Sie aber auch vor den Sozialgerichten im Sozialgerichtsgesetz (SGG).

Mit der Gestaltungsklage begehrt die klagende Person vom Gericht, dass dieses die Rechtslage durch seine Entscheidung verändert, indem es z. B. einen belastenden Verwaltungsakt aufhebt oder einen begünstigenden Verwaltungsakt, z. B. eine beantragte, aber von der Behörde abgelehnte Genehmigung zuspricht. Bei einer erfolgreichen Leistungsklage verpflichtet das Gericht die beklagte Behörde dazu, eine bestimmte Handlung, die keinen Verwaltungsakt darstellt, vorzunehmen oder zu unterlassen oder eine andere Handlung zu dulden. Damit die klagende Person tatsächlich erlangt, was das Gericht ihr zugesprochen hat, ist nach einem solchen Urteil daher ein weiteres behördliches Handeln notwendig.

Wie die Bezeichnung bereits verrät, wird mit der Feststellungsklage eine bestimmte Feststellung begehrt, nämlich hinsichtlich „des Bestehens oder Nichtbestehens eines Rechtsverhältnisses" (§ 43 Abs. 1 VwGO). Anders ausgedrückt: Das Gericht soll darüber entscheiden, ob eine Rechtsgrundlage für eine bestimmte hoheitliche Maßnahme vorgelegen hat oder die Maßnahme wegen Fehlens einer entsprechenden rechtlichen Grundlage rechtswidrig war. Ferner wird mit einer Feststellungsklage auch geklärt, ob einer der gesetzlichen Gründe für die Nichtigkeit eines Verwaltungsaktes vorliegt.

Zu den Gestaltungsklagen gehört die Anfechtungsklage nach § 42 Abs. 1 Alt. 1 VwGO, mit der die Aufhebung eines (belastenden) Verwaltungsakts begehrt werden kann.

Beispiel

Nachdem die Polizei eine Versammlung, die einen unfriedlichen Verlauf genommen hat, rechtmäßig aufgelöst hat, kommen mehrere Versammlungsteilnehmer*innen der Pflicht, sich zu entfernen (vgl. z. B. §§ 13 Abs. 2, 18 Abs. 1 VersG), nicht nach. Auch nachdem die Polizei im Anschluss zusätzlich Platzverweise ausgesprochen und die Anwendung polizeilichen Zwangs angedroht hat, leisten einige Teilnehmer*innen, darunter A, den Anweisungen immer noch keine Folge. A wird schließlich von Polizeibeamt*innen weggetragen und erhält dafür einen Kostenbescheid (in Baden-Württemberg wäre die Rechtsgrundlage hierfür z. B. § 31 Abs. 1 LVwVG BW). Sein Freund F beobachtet den Vorgang, ohne mit der Polizei in Berührung zu kommen. A sieht nicht ein, dass er diese Kosten tragen soll, und erhebt gegen den Bescheid Klage.

Damit eine Anfechtungsklage zulässig ist, müssen verschiedene Voraussetzungen gegeben sein. Zunächst muss die klagende Person klagebefugt sein. Die Klagebefugnis ist in § 42 Abs. 2 VwGO geregelt, wonach klagebefugt ist, wer geltend macht, durch den Verwaltungsakt in seinen/ihren (eigenen) Rechten verletzt zu sein. Durch die Formulierung „geltend macht" wird klar, dass zumindest die Möglichkeit der Rechtsverletzung bestehen muss, andererseits die bloße Möglichkeit aber auch ausreicht, um klagen zu dürfen, die behauptete Rechtsverletzung also noch nicht feststehen muss (sog. Möglichkeitstheorie). Das Erfordernis der Klagebefugnis, d. h. der eigenen subjektiven Betroffenheit, soll dazu dienen, sog. Popularklagen zu verhindern, bei denen Personen die Rechtmäßigkeit von hoheitlichen Maßnahmen gerichtlich überprüfen lassen bzw. eine objektive Rechtswidrigkeit rügen möchten, ohne selbst überhaupt davon betroffen zu sein. So kann im obigen Beispielsfall lediglich A selbst gegen den Kostenbescheid klagen, da er als Adressat eines belastenden Verwaltungsaktes unproblematisch in seinen eigenen Rechten betroffen ist. Sein Freund F, der die Maßnahme und den Kostenbescheid ebenfalls für rechtswidrig hält, kann hingegen nicht dagegen klagen, weil er nicht in seinen Rechten betroffen und damit nicht klagebefugt ist.

Als weitere Zulässigkeitsvoraussetzung neben der Klagebefugnis muss vor Klageerhebung ein erfolgloses Widerspruchsverfahren durchgeführt worden sein (vgl. §§ 68 ff. VwGO). Diese Voraussetzung verfolgt verschiedene Zwecke. Zum einen soll die Behörde, die den Verwaltungsakt erlassen hat, zunächst selbst die Möglichkeit erhalten, ihre Entscheidung zu überprüfen und gegebenenfalls Abhilfe zu schaffen, indem sie den Verwaltungsakt aufhebt. Zum anderen sollen die Gerichte entlastet werden, die sich erst nach dieser verwaltungsinternen Überprüfung mit der Streitigkeit befassen müssen, sofern die Behörde dem Widerspruch nicht abgeholfen hat und die betroffene Person Klage erhebt. Grundsätzlich muss der Widerspruch innerhalb eines Monats nach Bekanntgabe des Verwaltungsakts bei der erlassenden Behörde eingelegt werden (§ 70 Abs. 1 S. 1 VwGO), wobei diese Frist nur zu laufen beginnt, wenn der Verwaltungsakt mit einer Rechtsbehelfsbelehrung versehen ist, in der die betroffene Person auf ihre Rechtsschutzmöglichkeiten hinwiesen wird.

Im obigen Beispielsfall müsste A also zunächst Widerspruch gegen den Kostenbescheid bei der erlassenden Behörde – in der Regel das zuständige Polizeipräsidium – einlegen und abwarten, ob diese nach interner Überprüfung den Bescheid aufrechterhält, bevor er Klage einreicht. Erhebt er Klage, ohne dass ein solches Vorverfahren erfolglos durchgeführt wurde und ihm ein ablehnender Widerspruchsbescheid erteilt wurde, ist die Klage unzulässig und wird abgewiesen. In diesem Fall müsste A erst innerhalb der Widerspruchsfrist das Widerspruchsverfahren nachholen und könnte zu einem späteren Zeitpunkt erneut Klage erheben. Ausnahmen vom Erfordernis eines Widerspruchsverfahrens finden sich in § 68 Abs. 1 S. 2 VwGO sowie in der Gesetzgebung der Länder. In einigen Bundesländern, z. B. in Bayern, ist das Erfordernis eines vorgeschalteten Widerspruchsverfahren weitgehend abgeschafft.

Zu den weiteren Zulässigkeitsvoraussetzungen gehört die Einhaltung der Klagefrist (§ 74 VwGO) und die Wahl des richtigen Klagegegners (§ 78 VwGO). Wenn der Widerspruch erfolglos bleibt, kann innerhalb eines Monats nach Zustellung des Widerspruchsbescheids Klage erhoben werden, wobei sich diese Frist auf ein Jahr verlängert, sollte die erforderliche Rechtsbehelfsbelehrung unterblieben oder unrichtig sein (§ 58 Abs. 2 S. 1 VwGO).

Schließlich muss sich die Klage gegen den richtigen Gegner richten. Die Beklagtenpartei ist in § 78 VwGO geregelt, welcher das sog. Rechtsträgerprinzip beschreibt. Danach ist die Klage grundsätzlich gegen den Bund, das Land oder die Körperschaft (= Träger), dessen bzw. deren Behörde den angefochtenen Verwaltungsakt erlassen hat, zu richten. Im obigen Beispielsfall ist Rechtsträger des Polizeipräsidiums die jeweilige Stadt als Polizeibehörde.

Damit ein angefochtener Verwaltungsakt gerichtlich aufgehoben wird, muss die zulässige Anfechtungsklage auch begründet sein. Dies ist nach § 113 Abs. 1 S. 1 VwGO dann der Fall, wenn der Verwaltungsakt rechtswidrig ist und der Kläger hierdurch in seinen Rechten verletzt ist. Das Gericht prüft daher, ob die formellen und materiellen Voraussetzungen für den konkreten Verwaltungsakt vorliegen und die übrigen allgemeinen Grundsätze des Verwaltungsrechts (insbesondere der Verhältnismäßigkeitsgrundsatz) eingehalten wurden. Kommt das Gericht zu dem Ergebnis, dass die Anfechtungsklage begründet ist, hebt es den Verwaltungsakt auf, sodass dieser keine Wirkung mehr gegenüber der betroffenen Person entfaltet.

Neben der Anfechtungsklage ist die Verpflichtungsklage gemäß § 42 Abs. 1 Alt. 2 VwGO eine weitere Gestaltungsklage. Durch die Verpflichtungsklage kann die Verurteilung zum Erlass eines abgelehnten oder unterbliebenen (aber beantragten) Verwaltungsaktes erreicht werden. Im Unterschied zur Anfechtungsklage hebt das Gericht hier keinen Verwaltungsakt auf, sondern verpflichtet die entsprechende Behörde, gegenüber der betroffenen Person den beantragten Verwaltungsakt, z. B. eine Genehmigung oder eine Erlaubnis, zu erteilen. In vielen Fällen handelt es sich um sog. gebundene Entscheidungen, d. h. dass bei Vorliegen der formellen und materiellen Voraussetzungen eine Genehmigung auch erteilt werden muss (wie z. B. bei der Beantragung von BAföG). In diesen Fällen spricht das Gericht die unmittelbare Verpflichtung zur Erteilung der Genehmigung gegen die Behörde aus. Anders ist es, wenn die Erteilung einer

Genehmigung nicht nur vom Vorliegen bestimmter Voraussetzungen abhängig ist, sondern die Erteilung auch bei Erfüllung der Voraussetzungen im Ermessen der Behörde liegt. Dies ist immer dann der Fall, wenn im Gesetzeswortlaut der entsprechenden Rechtsgrundlage davon die Rede ist, dass die Behörde etwas tun „kann“. Bei einem Ermessen der Behörde kann das Gericht diese nicht unmittelbar zum Erlass des beantragten Verwaltungsaktes verpflichten, weil dies einen unzulässigen Eingriff in das behördliche Entscheidungsermessen darstellen würde. Das Gericht kann die Behörde dann „nur“ dazu verpflichten, erneut über den Fall zu entscheiden und dabei die Rechtsauffassung des Gerichts zu berücksichtigen.

Auch bei der Verpflichtungsklage müssen die Zulässigkeitsvoraussetzungen der Klagebefugnis, des ordnungsgemäß durchgeführten Vorverfahrens, der Einhaltung der Klagefrist und des richtigen Klagegegners vorliegen. Eine Person, die eine Verpflichtungsklage erhebt, ist nach § 42 Abs. 2 VwGO klagebefugt, wenn die Möglichkeit besteht, dass sie einen Anspruch auf Erteilung des begehrten Verwaltungsaktes z. B. der beantragten Genehmigung, hat. Handelt es sich um eine Ermessensentscheidung der Behörde hat die Bürger*in einen Anspruch auf eine fehlerfreie Ausübung des Ermessens durch die Behörde. In diesem Fall muss die klagende Person zur Begründung ihrer Klagebefugnis daher vortragen, möglicherweise in ihrem Anspruch auf eine ermessensfehlerfreie Entscheidung der Behörde verletzt zu sein.

Ein erfolgloses Widerspruchsverfahren ist für die Zulässigkeit einer Verpflichtungsklage nur erforderlich, wenn ein Verwaltungsakt beantragt, aber abgelehnt wurde und die Erteilung nun eingeklagt werden soll. Bei einer Verpflichtungsklage wegen Untätigkeit hingegen – also wenn ein Verwaltungsakt beantragt wurde, die Behörde aber schlichtweg nicht darüber entschieden hat – fehlt es ja gerade an einer behördlichen Entscheidung, gegen die die betroffene Person Widerspruch einlegen könnte. Auch für die Klagefrist (§ 74 Abs. 2 VwGO) kommt es darauf an, ob ein beantragter Verwaltungsakt abgelehnt wurde oder ob die Behörde untätig geblieben ist. Im ersten Fall gilt die Klagefrist von einem Monat ab Zustellung des Widerspruchsbescheids, während es im zweiten keinerlei behördliche Entscheidung gibt, an die bei der Klagefrist angeknüpft werden könnte. In Fällen von Untätigkeit muss die betroffene Person daher lediglich einen Zeitraum von drei Monaten ab Erstbeantragung des Verwaltungsaktes abwarten, bevor sie eine Verpflichtungsklage erheben kann. Hinsichtlich des richtigen Klagegegners (§ 78 VwGO) gilt das zur Anfechtungsklage Gesagte.

In manchen Fällen kann eine Anfechtungsklage oder eine Verpflichtungsklage schlichtweg „zu spät“ sein, weil der Verwaltungsakt bereits erledigt ist und das von der betroffenen Person eigentlich Begehrte gar nicht mehr erreicht werden kann.

Beispiel

Eine Person wurde, nachdem sie betrunken in der Innenstadt randaliert hatte, in polizeilichen Gewahrsam genommen und wenige Stunden später wieder frei gelassen. Sie hält diese Maßnahme für rechtswidrig und will gerichtlich dagegen vorgehen.

Grundsätzlich käme die Anfechtungsklage in Betracht, mit der die Aufhebung der Maßnahme erreicht werden könnte. Die Ingewahrsamnahme ist jedoch bereits beendet, sodass es gar keine Maßnahme mehr gibt, die aufgehoben werden könnte. Die betroffene Person ist nach ihrer Entlassung weder tatsächlich noch rechtlich beschwert, sodass der Verwaltungsakt erledigt ist. Damit Bürger*innen in solchen Fällen behördliche Handlungen auch im Nachhinein noch überprüfen lassen können, ist die Fortsetzungsfeststellungsklage (§113 Abs. 1 S. 4 VwGO) statthaft. Über sie kann die Feststellung des Gerichts erreicht werden, dass der inzwischen erledigte Verwaltungsakt rechtswidrig war. Mit dieser Klageart kann zudem die gerichtliche Feststellung herbeigeführt werden, dass eine Person zu einem bestimmten Zeitpunkt eigentlich einen Anspruch auf Erlass eines Verwaltungsaktes hatte, dieser Anspruch nun jedoch abgelaufen und die Person hierdurch in ihren Rechten verletzt ist.

Für die Fortsetzungsfeststellungsklage gilt eine besondere Zulässigkeitsvoraussetzung, nämlich das sogenannte Fortsetzungsfeststellungsinteresse, d.h. die klagende Person muss darlegen, aus welchen Gründen sie ein berechtigtes Interesse an einer gerichtlichen Entscheidung in einer Sache hat, die sich eigentlich bereits erledigt hat. Dazu haben sich bestimmte Fallgruppen etabliert, in denen ein berechtigtes Interesse angenommen wird, etwa bei konkreter Wiederholungsgefahr, Rehabilitationsinteresse oder einer Klage zur Vorbereitung eines Amtshaftungs- oder Entschädigungsprozesses. Im Gegensatz zur Anfechtungsklage und zur Verpflichtungsklage sind ein Widerspruchsverfahren oder die Einhaltung einer daran anknüpfenden Klagefrist nicht erforderlich, da sich der Verwaltungsakt bereits erledigt hat und ein Widerspruch dagegen gar nicht mehr möglich ist.

Neben diesen gestaltenden Klagen gibt es die allgemeine Leistungsklage, die nicht ausdrücklich gesetzlich geregelt ist, sondern nur an verschiedenen Stellen in der Verwaltungsgerichtsordnung erwähnt wird (vgl. §§43 Abs. 2 S. 1, 111 S. 1, 113 Abs. 4 VwGO). Mit der allgemeinen Leistungsklage können ein Tun, Dulden oder Unterlassen begehrt werden, das nicht Verwaltungsakt ist. Daher ist diese Klageart gerade in den Fällen statthaft, in denen es um nicht förmliches Handeln einer Behörde, d.h. Handeln vor allem in Form von Realakten, geht oder der Bürger oder die Bürgerin eine behördliche Entscheidung anstrebt, die keinen Verwaltungsakt darstellt.

Beispiel

A ist Inhaberin der privaten Kindertagesstätte „Waldkinder". Eines Tages liest sie auf der Homepage des Familienministeriums einen Beitrag über Kindertagesstätten, in dem darauf hingewiesen wird, dass „bei privaten Anbietern (z. B. ‚Waldkinder') häufig gültige Hygienestandards nicht beachtet werden" und Eltern hier besonders aufmerksam sein sollten.

A ist empört, weil ihre Einrichtung besonders penibel auf die Einhaltung von Hygienevorschriften achtet. Sie fragt sich, wie sie gegen das Ministerium vorgehen kann.

In diesem Beispielsfall will A erreichen, dass das Ministerium die Warnung vor ihrer Einrichtung entfernt und derartige Warnungen in der Zukunft unterlässt. Die richtige Klageart für diesen Zweck ist die allgemeine Leistungsklage, denn die Veröffentlichung einer solchen Warnung auf der Internetseite des Ministeriums stellt keinen Verwaltungsakt dar, sondern lediglich einen Hinweis, ohne dass einem Bürger oder einer Bürgerin eine verpflichtende Rechtsfolge aufgegeben oder ein Verbot ausgesprochen wird.

Einigkeit besteht darüber, dass auch bei der allgemeinen Leistungsklage eine Klagebefugnis vorliegen muss. Sie kann sich bei dieser Klageart nicht direkt aus §42 Abs. 2 VwGO ergeben, da dort lediglich die Anfechtungsklage und die Verpflichtungsklage genannt sind. Allerdings wird diese Vorschrift auch auf die allgemeine Leistungsklage entsprechend („analog") angewendet, sodass Kläger*innen zumindest geltend machen müssen, durch das behördliche Verhalten in ihren Rechten verletzt zu sein. Auch bei der allgemeinen Leistungsklage gilt das oben angesprochene Rechtsträgerprinzip, wenn es um die Wahl des richtigen Klagegegners geht. Im Beispielsfall wäre das jeweilige Bundesland der richtige Klagegegner, weil es sich bei Ministerien um Landesbehörden handelt, deren Rechtsträger das jeweilige Land ist.

Als letzte Klageart im verwaltungsgerichtlichen Verfahren ist die Feststellungsklage (§43 VwGO bzw. §55 SGG im sozialgerichtlichen Verfahren) zu nennen, die statthaft ist, wenn es um die Feststellung des Bestehens oder Nichtbestehens eines Rechtsverhältnisses oder die Nichtigkeit eines Verwaltungsaktes geht. Unter „Rechtsverhältnis" ist die Beziehung zwischen zwei Rechtssubjekten, also Trägern von Rechten und Pflichten, zu verstehen, die über einen konkreten Sachverhalt streiten, welcher durch eine bestimmte Rechtsnorm geregelt wird.

Beispiel

V hat testamentarisch seine Einäscherung angeordnet und möchte zudem erreichen, dass die Asche auf dem ihm gehörenden Grundstück verstreut wird. Die entgegenstehenden Vorschriften des Friedhofgesetzes zum Urnenzwang für die Asche Verstorbener hält er für verfassungswidrig. Nachdem die zuständige Behörde auch eine Ausnahmegenehmigung abgelehnt hat, erhebt V Klage auf Feststellung des Rechts auf urnenlose Bestattung seiner Asche auf seinem Grundstück.

Hier sind alle Elemente eines „Rechtsverhältnisses" vorhanden, denn V und die Stadt als zuständige Behörde sind Rechtssubjekte, die entscheidenden Normen sind solche des Friedhofsrechts und der streitige Sachverhalt ist, ob V's letzter Wille erfüllt werden kann oder nicht.

Damit eine Feststellungsklage zulässig ist, müssen noch weitere Voraussetzungen gegeben sein. Zum einen muss die klagende Person ein sog. Feststellungsinteresse geltend machen können, d. h. sie muss ein wirtschaftliches, rechtliches oder ideelles Interesse daran, den konkreten Sachverhalt gerichtlich überprüfen zu lassen, darlegen. Im Beispielsfall hat V ein rechtliches, zumindest aber ein ideelles Interesse an einer gerichtlichen Feststellung, ob seine Bestattung entsprechend seinem Testament möglich ist, da ihm eine Ungewissheit, ob sein Bestattungswunsch aus rechtlichen Gründen scheitert oder nicht, nicht zugemutet werden kann. Ist eine zulässige Feststellungsklage auch begründet, also im Ergebnis für den Kläger oder die Klägerin erfolgreich, ist meist eine bestimmte Rechtslage oder Rechtsfrage verbindlich geklärt. Im Unterschied zur Anfechtungsklage bzw. zur Verpflichtungsklage wird jedoch weder eine behördliche Maßnahme aufgehoben noch eine Behörde zur Vornahme einer Handlung verpflichtet.

Eilrechtsschutz

Von der Erhebung einer Klage bis zur Entscheidung des Gerichts vergehen erfahrungsgemäß Monate, wenn nicht gar Jahre. Grundsätzlich müssen klagende Bürger*innen während der Dauer des verwaltungsgerichtlichen Verfahrens bestimmte Belastungen ertragen, deren Aufhebung sie begehren, bzw. die Vorenthaltung eines beantragten Vorteils bis zu einer Entscheidung zu ihren Gunsten hinnehmen. In manchen Fällen sind die zu entscheidenden Angelegenheiten jedoch so eilbedürftig, dass ein Zuwarten bis zu einer „regulären" Entscheidung zu Rechtsverletzungen führen würde und mit dem Anspruch auf effektiven Rechtsschutz (Art. 19 Abs. 4 GG) nicht vereinbar wäre.

In solchen dringlichen Angelegenheiten sollen Verfahren im Eilrechtsschutz Abhilfe schaffen. Geht es um die Aufhebung eines Verwaltungsaktes, gibt es die Möglichkeit des vorläufigen Rechtsschutzes nach § 80 Abs. 5 VwGO. In diesem Fall kann außer der eigentlichen (Hauptsache-)Klage, mit der die Aufhebung des Verwaltungsaktes begehrt wird, ein Eilantrag gestellt werden, mit dem die an sich mögliche sofortige Vollziehung des Verwaltungsaktes vorläufig verhindert werden soll. Ferner gibt es das Eilrechtsverfahren nach § 123 VwGO für alle anderen Fälle, bei denen es nicht um die Aufhebung eines Verwaltungsaktes geht. Hier kann das Gericht auf Antrag zur Vermeidung erheblicher Nachteile eine vorläufige Regelung treffen.

Bei beiden Verfahren im Eilrechtsschutz trifft das Gericht lediglich eine vorläufige Entscheidung, wobei die endgültige Entscheidung dem Hauptsacheverfahren vorbehalten bleibt und dort zu einem späteren Zeitpunkt getroffen wird. Zudem bestimmt die Eilbedürftigkeit in diesen Verfahren zugleich den Prüfungsmaßstab des Gerichts, das über den Eilantrag zu entscheiden hat. Es trifft seine vorläufige Entscheidung aufgrund einer „summarischen" Prüfung der Rechts- und Sachlage, bei der das sog. Vollzugsinteresse der Behörde an ihrer Entscheidung gegen das Aussetzungsinteresse der betroffenen Person abgewogen wird. Das Interesse der Behörde, am Vollzug ihrer Entscheidung festzuhalten, wird dem Interesse der betroffenen Person, von dem Vollzug der Entscheidung (vorläufig) verschont zu bleiben, bis die Endentscheidung im Hauptsacheverfahren getroffen wird, gegenübergestellt. Dabei schaut sich das Gericht die Erfolgsaussichten im Hauptsacheverfahren „oberflächlich" an und trifft eine – für die spätere Entscheidung unverbindliche – vorläufige Entscheidung, ob die Hauptklage eher erfolgreich sein wird oder nicht. Ein Antrag auf vorläufigen Rechtsschutz ist für die beantragende Person regelmäßig erfolgreich, wenn das Gericht zu der Entscheidung kommt, dass diese auch das später zu entscheidende Hauptverfahren „gewinnen" wird. Die Zulässigkeitsvoraussetzungen für die beiden Eilrechtsverfahren, d. h. Antragsbefugnis etc., richten sich nach den jeweiligen Klagearten im Hauptverfahren und gelten hier „analog", also entsprechend.

4.2. Sozialrecht

Das Sozialrecht gehört gerade für Beschäftigte in der Sozialen Arbeit zum täglichen Handwerkszeug. Während es in der Juristenausbildung ein Schattendasein fristet, kommt dem Sozialrecht in Studiengängen der Sozialen Arbeit zu Recht eine besondere Rolle zu und sollte daher auch mit entsprechender Spezialliteratur vertieft werden. Das folgende Kapitel soll lediglich einen ersten kompakten Überblick über die teils sehr komplexe Materie des Sozialrechts geben.

4.2.1. Überblick über die Bereiche des Sozialrechts

Man merkt dem Sozialrecht im Besonderen an, dass es historisch gewachsen ist und einem stetigen gesetzgeberischen Wandel unterliegt. Die zugehörigen Normen finden sich zum großen Teil im Sozialgesetzbuch, das in das SGB I–XIV unterteilt wird (wobei die Nummer XIII übersprungen wurde, weil das in SGB XIV neu geregelte Opferentschädigungsrecht nicht die „Unglückszahl“ 13 erhalten sollte). Hinzu kommt eine ganze Reihe weiterer Spezialgesetze, von denen Ihnen vielleicht aus eigener Erfahrung das Bundesausbildungsförderungsgesetz (BAFöG) bekannt sein dürfte. Daneben gibt es z. B. das Wohngeldgesetz, das Unterhaltsvorschussgesetz oder das Bundeselterngeld- und Elternzeitgesetz (BEEG) – um nur einige Spezialgesetze zu nennen.

Ziel des Sozialrechts ist die Verwirklichung sozialer Gerechtigkeit und sozialer Sicherheit. Dies umfasst naturgemäß ein weites Feld. Wichtige Bereiche und vielleicht das (zumindest historische) Kernstück sind die Sozialversicherungen, also die Kranken-, Pflege-, Renten-, Unfall- und Arbeitslosenversicherung. Daneben enthält das Sozialrecht eine Vielzahl von Regelungen, die einen Nachteilsausgleich bzw. eine Entschädigung für besondere unverschuldete Benachteiligungen bringen sollen. Exemplarisch wird hierzu im Folgenden das Recht der Sozialen Entschädigung näher behandelt. Schließlich existiert der große Bereich der Hilfe und Förderung mit u. a. der Sozialhilfe (SGB XII), Rehabilitation und Teilhabe von Menschen mit Behinderungen (SGB IX) und der Kinder- und Jugendhilfe (SGB VIII).

4.2.2. Sozialversicherungen

Das System der Sozialversicherungen hatte seine Geburtsstunde bereits 1881 mit der von Bismarck ins Leben gerufenen Sozialgesetzgebung. Ihnen liegt das Prinzip der Vorsorge zugrunde. Gemeinsame Vorschriften – insbesondere zu Begriffsbestimmungen aber auch zu den Trägern der Sozialversicherungen und ihren Aufgaben – enthält das SGB IV.

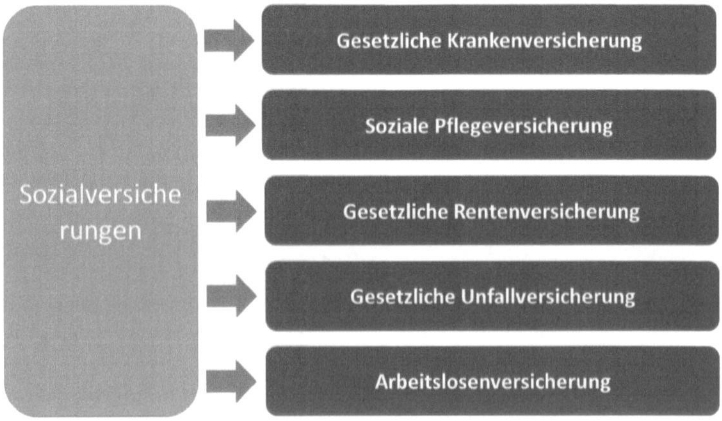

Gesetzliche Krankenversicherung

Die gesetzliche Krankenversicherung (SGB V) dient dazu, nach dem Prinzip einer Solidargemeinschaft die Gesundheit der Versicherten zu erhalten, wiederherzustellen oder zu verbessern. Der Personenkreis, der diese Solidargemeinschaft bildet, umfasst alle gegen Arbeitsentgelt Beschäftigte bis zu einer festgesetzten Verdienstgrenze (Jahresarbeitsentgeltgrenze), Personen, die Arbeitslosengeld beziehen, Studierende aber auch sog. freiwillig Versicherte sowie mitversicherte Personen (Familienversicherung).

Leistungen sind vor allem die medizinische Behandlung bei Krankheit sowie das Krankengeld. Das Leistungsspektrum der Krankenversicherung umfasst zudem präventive Maßnahmen (z. B. zur Frühentdeckung von Krankheiten und deren Vorbeugung). Die Leistungen unterliegen dabei dem Wirtschaftlichkeitsgebot des § 12 SGB V. Sie müssen demnach ausreichend sein dürfen aber zugleich das Notwendige nicht überschreiten. So soll die Leistungsfähigkeit des Versicherungssystems bei gleichzeitig vertretbaren Belastungen für die Solidargemeinschaft erhalten werden.

Als Träger der gesetzlichen Krankenversicherung fungieren die gesetzlichen Krankenkassen. Das System wird durch Beiträge der Versicherten finanziert. Bei abhängig Beschäftigten werden sie hälftig vom Arbeitgeber und Arbeitnehmer gezahlt.

Soziale Pflegeversicherung

Die soziale Pflegeversicherung ist im SGB XI geregelt. Sie bietet Unterstützung im Fall der längerfristigen (über sechs Monate dauernden) Pflegebedürftigkeit. Voraussetzung ist eine gesundheitliche Beeinträchtigung, die dazu führt, dass die Mobilität, kognitive und kommunikative Fähigkeiten, die Selbstversorgung, die Bewältigung krankheits- und therapiebedingter Anforderungen und die Gestaltung des Alltags einschließlich sozialer Kontakte eingeschränkt sind oder psychische bzw. verhaltensbedingte Problemlagen vorhanden sind. Der Hilfebedarf bestimmt sich nach fünf Pflegegraden (1 = geringe bis 5 = schwerste Beeinträchtigungen).

Dem Kreis der Versicherten gehören alle gesetzlich Krankenversicherten sowie Personen in privaten Krankenversicherungen an. Organisatorisch sind die Pflegekassen – die parallel zu den Krankenkassen existieren – zuständig. Anders als die Krankenversicherung trägt die Pflegeversicherung nicht den gesamten Bedarf, sondern nur einen Teil neben familiärer und nachbarschaftlicher Hilfe.

Gesetzliche Rentenversicherung

Die im SGB VI geregelte gesetzliche Rentenversicherung folgt dem Prinzip des Generationenvertrages, ist also Umlagefinanziert. Dies macht sie anfällig für sich ändernde demographische Entwicklungen. Ziel ist in erster Linie die finanzielle Sicherung im Alter. Zudem greift die Rentenversicherung auch zuvor in bestimmten Fällen der Erwerbsminderung sowie beim Tod der versicherten Person (die Leistungen erhalten dann die Hinterbliebenen) ein.

Zum Kreis der Versicherungspflichtigen zählen vor allem abhängig Beschäftigte aber teils auch Selbstständige. Einige Berufsgruppen, wie z. B. freiberuflich Erwerbstätige und Beamte, unterfallen nicht dem System der gesetzlichen Rentenversicherung.

Anspruch auf Altersrente hat, wer die Altersgrenze erreicht und die sog. Wartezeit erfüllt hat. Gerade die Frage der Altersgrenze sorgt immer wieder für Diskussionen in Politik und Gesellschaft. So wird vorgebracht, sie müsse dem demographischen Wandel folgend angehoben werden. Andere fordern eine Senkung insbesondere für bestimmte Berufsgruppen, die erheblichen körperlichen Beanspruchungen ausgesetzt sind. Die Höhe der Altersrente bestimmt sich im Wesentlichen nach der Höhe der während des Versicherungslebens durch Beiträge versicherten Arbeitsentgelte und Arbeitseinkommen.

Bei der Erwerbsminderungsrente wird zwischen teilweiser und voller Erwerbsminderung differenziert. Voraussetzung für die Leistung ist auch hier die Erfüllung einer Wartezeit und die Zahlung der Beiträge für eine Mindestdauer vor dem Eintritt der Erwerbsminderung.

Finanziert wird die Rentenversicherung in erster Linie durch Beiträge der Versicherten und zum Teil durch Zuschüsse des Bundes.

Gesetzliche Unfallversicherung

Die Regelungen zur gesetzlichen Unfallversicherung finden sich im SGB VII. Bei Eintritt eines der beiden Versicherungsfälle Arbeitsunfall oder Berufskrankheit hat die versicherte Person Anspruch auf Maßnahmen zu Gesundheitssorge sowie angemessene wirtschaftliche Versorgung. Arbeitsunfälle sind dabei zeitlich begrenzte von außen auf den Körper wirkende Ereignisse in Zusammenhang mit der versicherten Tätigkeit, die zu einem Gesundheitsschaden oder dem Tod führen. Berufskrankheiten sind in der Berufskrankheiten-Verordnung aufgeführt und müssen Folge der versicherten Tätigkeit sein. Finanziert wird die gesetzliche Unfallversicherung durch Beiträge der Arbeitgeber*innen/Unternehmer*innen.

Arbeitsförderung / Arbeitslosenversicherung

Der hohe Stellenwert, den die Erwerbstätigkeit in unserer Gesellschaft hat, wird auch an dem sehr umfassenden Bereich bzw. Leistungsspektrum sichtbar, das die Arbeitsförderung und Arbeitslosenversicherung (im Wesentlichen im SGB III geregelt) betrifft.

Am bekanntesten ist hier natürlich das sog. Arbeitslosengeld als Entgeltersatzleistung für Versicherte. Dieses kann je nach Lebensalter und Dauer des Versicherungsverhältnisses bis zu 24 Monate gezahlt werden und beträgt in der Regel 60 % des Leistungsentgeltes. Voraussetzung ist die Arbeitslosigkeit der versicherten Person, die Meldung als arbeitslos bei der Agentur für Arbeit sowie das Erfüllen der Anwartschaftszeit.

Eine zweite, für die Wirtschaft sehr wichtige Entgeltersatzleistung ist das Kurzarbeitergeld. Hauptzweck ist es, Beschäftigungsverhältnisse sowohl im Interesse des Betriebes als auch der beschäftigten Person zu erhalten, wenn vorübergehend z. B. aufgrund einer wirtschaftlichen Krise zu wenig Arbeit anfällt. Durch das Kurzarbeitergeld wird ein Teil des Arbeitsentgeltes ersetzt und Sozialversicherungsbeiträge erstattet. Die Arbeitgeber*in muss somit vorübergehend nicht den vollen Lohn zahlen.

Versicherte sind abhängig Beschäftigte sowie Personen in Berufsausbildung aber gem. § 26 SGB III auch eine Reihe weiterer Personengruppen. Neben diesen recht bekannten Leistungen für Versicherte existieren noch weitere, die vor allem der Wiedereingliederung in den Arbeitsmarkt (z. B. Arbeitsvermittlung, Berufsausbildungshilfe) oder der Aufnahme einer selbstständigen Tätigkeit (Gründungszuschuss) dienen. Das SGB III kennt aber auch eine ganze Reihe von Leistungen für Nicht-Versicherte. Hierbei handelt es sich insbesondere um Berufsberatung, Ausbildungs- und Arbeitsvermittlung sowie berufliche Weiterbildung. Für Arbeitgeber*innen bietet das SGB III Arbeitsmarktberatung, Vermittlungsleistungen und Eingliederungszuschüsse.

Organisatorisch sind für den Bereich der Arbeitsförderung / Arbeitslosenversicherung die Bundesagentur für Arbeit bzw. deren regionale Untergliederungen zuständig. Die Finanzierung erfolgt über Beiträge der Versicherten und Arbeitgeber*innen sowie Bundesmittel.

4.2.3. Soziale Entschädigung

Eine weitere Säule des Sozialrechts ist der Bereich der Sozialen Entschädigung, der seit 01.01.2024 einheitlich im SGB XIV geregelt ist. Hier soll ein Ausgleich bzw. eine Entschädigung bei unverschuldeten Nachteilen geschaffen werden, für die die Allgemeinheit eine besondere Verantwortung trägt.

Besondere Relevanz kommt dabei der Entschädigung von Opfern strafbarer Handlungen zu. Dieser Bereich war bis 2023 im Opferentschädigungsgesetz (OEG) geregelt. Die besondere Verantwortung der Allgemeinheit folgt hier aus dem Gewaltmonopol des Staates und seiner Aufgabe Straftaten zu verhindern. Voraussetzung für eine Entschädigung von Opfern ist, dass es sich um eine Gewalttat gem. §13 SGB XIV handelt. Das ist der Fall, wenn es sich um einen vorsätzlichen rechtswidrigen tätlichen Angriff handelt, durch den das Opfer an der Gesundheit geschädigt wurde. Erfasst sind zudem psychische Gewalttaten, die gegen die freie Willensentscheidung einer Person gerichtet sind. Das betrifft vor allem sexuelle Übergriffe.

Beispiel

O wurde über längere Zeit von ihrem Ex-Freund E, der die Trennung nicht akzeptieren wollte, massiv „gestalkt". Sie glitt dadurch in eine Depression, litt an Schlaf- und Essstörungen und konnte ihrer Arbeit nicht nachgehen. E wurde gem. §238 Abs. 2 StGB wegen Nachstellung in einem besonders schweren Fall zu einer Freiheitsstrafe von neun Monaten verurteilt. O fragt sich, ob sie Anspruch auf Leistungen nach dem SGB XIV hat.

Lösung: Zwar handelt es sich um keinen Fall der physischen Gewalt, das SGB XIV erfasst jedoch auch schwerwiegende psychische Gewalt (§13 Abs. 1 Nr. 2 SGB XIV). Hierzu zählen gem. §13 Abs. 2 SGB XIV auch Straftaten wie die Nachstellung in einem besonders schweren Fall. O kann daher für die erlittenen gesundheitlichen Beeinträchtigungen und die daraus folgenden wirtschaftlichen Schäden Entschädigungsleistungen geltend machen.

Bei der Geltendmachung zivilrechtlicher Schadensersatzansprüche für die Verursachung psychischer Beeinträchtigungen besteht für die geschädigte Person häufig eine große Schwierigkeit darin, die Kausalität zwischen dem schädigenden Ereignis und dem Eintritt der psychischen Probleme nachzuweisen. Schließlich können z. B. die im Beispielsfall angesprochenen Schlaf- und Essstörungen oder Depressionen auch andere Ursachen haben. Hier hilft im Rahmen der Entschädigungsansprüche aus dem SGB XIV die Vorschrift in §4 Abs. 5 SGB XIV. Danach wird ein Kausalzusammenhang vermutet, wenn es sich um eine typische Folge des jeweiligen schädigenden Ereignisses handelt. Ausgeschlossen ist ein Anspruch allerdings in Fällen, in denen die geschädigte Person selbst in vorwerfbarer Weise die Verletzung verursacht hat.

Hinsichtlich des Umfangs des Anspruchs muss klargestellt werden, dass es sich bei der Sozialen Entschädigung nach dem SGB XIV nicht um einen Schadensersatzanspruch handelt, wie er zivilrechtlich gegen die Täter*in geltend gemacht werden kann. Insbesondere ist im SGB XIV keine Zahlung eines Schmerzensgeldes vorgesehen. Es werden auch keine Sach- oder Vermögensschäden erstattet. Vielmehr handelt es sich bei den Leistungen, die beantragt werden können, z. B. um schnelle Hilfe in einer Traumaambulanz, Leistungen zur Heilbehandlung, Rehabilitationsmaßnahmen oder auch laufende Geldzahlungen wie einkommensunabhängige Rentenleistungen aufgrund bleibender Schädigungsfolgen.

4.2.4. Soziale Hilfe und Förderung

Widmen wir uns nun dem dritten großen Bereich des Sozialrechts, der sozialen Hilfe und Förderung: Hier handelt es sich um in der Regel steuerfinanzierte Unterstützungsleistungen, sei es, um das Existenzminimum zu sichern, oder um besondere Bedarfslagen z. B. bei der Erziehung und Ausbildung von Kindern auszugleichen.

Sozialhilfe

Ziel der im SGB XII geregelten Sozialhilfe ist die Sicherung eines Existenzminimums, um ein menschenwürdiges Leben zu ermöglichen. Es ist geprägt vom Subsidiaritätsprinzip (Leistung nach dem SGB XII werden nur nachrangig gewährt, wenn keine anderen Hilfen oder z. B. eigenes Vermögen zur Verfügung stehen), vom Finalprinzip (die Leistung ist unabhängig von der Ursache der Bedürftigkeit), dem Bedarfsprinzip (der individuelle Bedarf für ein würdiges Leben wird vollständig gedeckt) und dem Individualisierungsprinzip. Letzteres bedeutet, dass Leistungen dem Einzelfall angepasst sein sollen.

Seit den Reformen des Jahres 2005 erfasst die Sozialhilfe als Leistungsberechtigte vor allem grundsätzlich erwerbsunfähige Personen, die auch keiner Bedarfsgemeinschaft unterfallen, sowie Hilfen im Bereich der Pflege, sofern Leistungen nach dem SGB XI nicht genügen. Erwerbsfähige hingegen sind aus dem Anwendungsbereich der Sozialhilfe gefallen. Hier greifen Leistungen nach dem SGB II ein. Leistungen nach dem SGB XII sind unter anderem

- Hilfe zum Lebensunterhalt bei nicht erwerbsfähigen Personen (in der Regel im Altersbereich zwischen 15 und 65 Jahren),
- Grundsicherung im Alter und bei Erwerbsminderung zur Sicherung des Existenzminimums bei Personen deren Rentenansprüche hierzu nicht ausreichen oder bei dauerhaft erwerbsgeminderten Personen, wenn keine anderen Ansprüche bestehen,
- Hilfen zur Gesundheit, sofern keine anderen Sicherungssysteme greifen,
- Hilfe zur Pflege, die insbesondere Lücken deckt, die bei fehlender anderer Absicherung durch nicht vollständige Bedarfsdeckung der Pflegeversicherung entstehen, sowie

- Hilfen zur Überwindung besonderer sozialer Schwierigkeiten.

Leistungen der Sozialhilfe sind steuerfinanziert. Organisatorisch zuständig sind die örtlichen Träger der Sozialhilfe (gem. § 3 SGB XII in der Regel die Landkreise oder kreisfreien Städterichtet) sowie die überörtlichen Träger der Sozialhilfe (deren Zuständigkeit sich gem. § 97 SGB XII nach dem jeweiligen Landesrecht richtet). Bei der Leistungserbringung werden oft Wohlfahrtsverbände eingebunden, was vom Gesetzgeber durchaus gewollt ist.

Grundsicherung für Arbeitssuchende – Bürgergeld

Die im SGB II geregelte Grundsicherung für Arbeitssuchende wurde im Rahmen der sog. Hartz-IV-Gesetzgebung vollkommen neu geregelt. Diese wurde zum 1. Januar 2023 durch das sog. Bürgergeld-Gesetz abgelöst, das einige wichtige Änderungen enthält. So wird bei dem einheitlichen Bürgergeld nicht mehr zwischen Arbeitslosengeld II und Sozialgeld unterschieden. Zum Leistungsspektrum zählen nicht nur die Regelleistung und ggf. Mehrbedarfe zur Sicherung des Lebensunterhalts, sondern auch Leistungen zur Eingliederung in Arbeit, die von Beratung bis hin zu Arbeitsgelegenheiten (sog. Ein-Euro-Jobs) reichen.

Voraussetzung für Leistungen nach dem SGB II ist zunächst die (zumindest teilweise) Erwerbsfähigkeit. Als erwerbsfähig gilt, wer nicht aufgrund Krankheit oder Behinderung dauerhaft außer Stande ist wenigstens drei Stunden täglich erwerbstätig zu sein. Am Kriterium der Erwerbstätigkeit erfolgt die Abgrenzung zum Bereich des SGB XII.

Darüber hinaus muss die betreffende Person hilfebedürftig sein. Es darf also kein für die Bestreitung des Lebensunterhalts hinreichendes Einkommen vorhanden sein. Zudem darf kein ausreichendes Vermögen vorhanden sein. Verfügt die leistungsberechtigte Person also hinreichend Vermögen, ist dieses zunächst für den Lebensunterhalt zu verwenden, bevor ein Anspruch nach dem SGB II besteht. Allerdings gibt es einen Grundfreibetrag, der nicht berücksichtigt wird. Dieses Schonvermögen liegt im Jahr 2023 bei 15.000 Euro und damit deutlich höher als vor dem 1. Januar 2023 (bis dahin waren es maximal etwa 10.000 Euro). Zudem werden bestimmte weitere Vermögenswerte nicht einbezogen bzw. müssen nicht vorab verwertet werden, wenn dies eine besondere Härte bedeuten würde.

Beispiel

E ist Eigentümerin eines kleinen 20-qm-Apartments in der Augsburger Innenstadt sowie eines alten VW Golf (Wert ca. 1.000 Euro). Zudem besitzt sie eine wertvolle Briefmarkensammlung. Über ein hinreichendes Einkommen verfügt E nicht; ebenso wenig über weiteres Vermögen. Sie möchte Leistungen nach dem SGB II beantragen und fragt sich, ob sie dafür zunächst die Wohnung, das Auto und die Briefmarkensammlung verkaufen und verwerten muss.

Nicht als Vermögen nach SGB II angerechnet wird angemessenes selbstgenutztes Wohneigentum. Durch das Bürgergeld-Gesetz wurde eine Grenze von 130qm für selbstgenutztes Wohneigentum eingeführt. Bei einer 20-qm-Wohnung ist die Angemessenheitsgrenze bei weitem nicht überschritten, sodass E die Wohnung behalten darf. Gleiches gilt für das von ihr genutzte KFZ. Ein angemessenes KFZ (bis zu einem Verkaufserlös von ca. 7.500 Euro) ist nicht als Vermögen zu berücksichtigen. Anderes gilt für die Briefmarkensammlung. Vorausgesetzt, sie kann wirtschaftlich sinnvoll verwertet werden, zählt sie als Vermögen. Eine besondere Härte ist hier wohl noch nicht anzunehmen. Allerdings wird der Wert der Sammlung vermutlich nicht den Grundfreibetrag übersteigen, sodass E auch die Briefmarken behalten dürfte.

Mit Einführung des Bürgergeldes gilt für das erste Jahr des Leistungsbezugs zudem eine sog. Karenzzeit. In dieser Zeit bleibt ein Vermögen von 40.000 Euro für Alleinstehende und zusätzlich jeweils 15.000 Euro für jede weitere Person in der Bedarfsgemeinschaft geschützt. Auch die Prüfung, ob die Kosten der Unterkunft angemessen sind, erfolgt erst nach dem ersten Jahr Leistungsbezug.

Durch das Bürgergeld-Gesetz wurden zudem höhere Freibeträge für Erwerbstätigkeit eingeführt. Leistungsberechtigt sind Personen im Alter von 15 Jahren bis zur Altersgrenze des § 7a SGB II (derzeit 67 für die Geburtenjahrgänge ab 1964). Weitere Voraussetzung ist der gewöhnliche Aufenthalt in der Bundesrepublik. Über das Konstrukt der sog. Bedarfsgemeinschaft können auch nicht erwerbsfähige Personen (Familienangehörige) leistungsberechtigt werden.

Leistungen für Menschen mit Behinderungen

Die wesentlichen Regelungen zu den Leistungen für Menschen mit Behinderungen finden sich im SGB IX. Dieses ist in drei Abschnitte gegliedert. Zunächst enthält es allgemeine Vorschriften, die vor allem dazu dienen, bestehende Regelungen zu harmonisieren. Im zweiten Teil enthält das SGB IX Leistungen zur selbstbestimmten Lebensführung für Menschen mit Behinderungen und für von Behinderung bedrohten Menschen. Hier wird teils auch der Begriff Eingliederungshilfe genutzt. Ziel ist es, dem betreffenden Personenkreis eine individuelle menschenwürdige Lebensführung zu ermöglichen. Im dritten Teil ist das sog. Schwerbehindertenrecht enthalten, einschließlich verschiedener Vergünstigungen für schwerbehinderte Menschen, aber auch Verpflichtungen z. B. für Arbeitgeber*innen.

Kinder- und Jugendhilfe

Einige von Ihnen werden in ihrem späteren Berufsleben sehr intensiv mit dem SBG VIII, in dem das Kinder- und Jugendhilferecht geregelt ist, zu tun haben, zumindest wenn sie im weitesten Sinne in der Kinder- und Jugend(sozial)arbeit tätig sein werden. Neben einigen Leistungen wird im SGB VIII nämlich vor allem der Aufgabenbereich, die Befugnisse und teilweise die Organisation der Kinder- und Jugend(sozial)arbeit geregelt.

Ein wesentlicher Teil der geregelten Aufgaben besteht aus unterstützenden Maßnahmen wie Hilfen zur Erziehung (§§ 27 ff. SGB VIII), die von Beratung bis hin zur Betreuung in einem Heim reichen können. Das SGB VIII enthält zudem eine Reihe von Vorschriften zum Schutz von Kindern und Jugendlichen und räumt den Jugendämtern in diesem Zusammenhang erhebliche Eingriffsbefugnisse ein. Insbesondere sind die Jugendämter berechtigt und verpflichtet, bei einer dringenden Gefahr für das Kindeswohl die gefährdete Person in Obhut zu nehmen (§ 42 SGB VIII).

Entlastung für Familien

Um einen gewissen Ausgleich zu schaffen, werden Personen, die Kindern unterhalt leisten, durch verschiedene Maßnahmen entlastet. Dies umfasst vor allem steuerrechtliche Entlastungen (z. B. Kinderfreibetrag), Geldleistungen wie das Kindergeld sowie die Regelungen zu Elternzeit und Elterngeld.

Wohngeld

Wohngeld ist im WoGG geregelt. Es soll einkommensschwachen Personen angemessenes Wohnen ermöglichen, kommt aber nicht neben Leistungen insbesondere nach dem SGB II in Betracht. Berechtigt können nicht nur Mieter von Wohnraum sein, die dann einen Mietzuschuss erhalten. Auch Eigentümer, die die mit dem selbst genutzten Eigenheim verbundenen Kosten nicht aufbringen können, können u. U. einen Lastenzuschuss erhalten.

5. Strafrecht

Im Folgenden wollen wir uns dem Strafrecht widmen. Wenn man an Recht, Gerichte, Anwälte etc. denkt, dann haben viele sicher Bilder aus einem Kriminalfilm vor Augen oder denken an einen der vielen True-crime-Podcasts. Doch auch in der Praxis handelt es sich um ein spannendes Rechtsgebiet und zudem um eines, mit dem Sie als zukünftige Sozialarbeiter*innen häufig in Kontakt kommen können. So arbeiten z. B. Bewährungshelfer*innen, Mitarbeiter*innen der Jugendgerichtshilfe oder von Opferschutzeinrichtungen unmittelbar im Bereich der Strafverfolgung. Aber auch als Mitarbeiter*in in einem Sozialbürgerhaus, Jugendamt oder als Streetworker*in werden Sie regelmäßig mit strafrechtlichen Fragen konfrontiert sein. Dabei ist es wichtig, zumindest ein grobes Verständnis dafür zu erlangen, was Strafrecht überhaupt ist und sein soll, welche Grundsätze hier gelten, aber auch und vor allem, wie ein Strafverfahren abläuft und welche Strafen drohen. Gerade zu Letzterem werden zukünftige Klient*innen Ihnen vermutlich die meisten Fragen stellen und den größten Informationsbedarf haben. Aus diesem Grund wird in der folgenden Darstellung neben einem Überblick über das materielle Strafrecht (Wann ist etwas strafbar?) auch ein Schwerpunkt auf Fragen des Strafprozessrechts (Wie läuft ein Strafverfahren ab?) und des Sanktionenrechts (Welche Strafe kommt heraus?) gelegt.

5.1. Grundlagen des Strafrechts

5.1.1. Sinn und Zweck des Strafrechts

Warum gibt es überhaupt Strafrecht? Eine Frage, die selten gestellt wird, obwohl sie sehr berechtigt ist. Wir alle gehen wie selbstverständlich davon aus, dass jemand, der z. B. einen anderen Menschen getötet hat, ins Gefängnis muss. Aber gilt das auch, wenn jemand einen anderen beleidigt oder wenn er oder sie öfters schwarzfährt? Hier ist die Antwort nicht so eindeutig. Es gibt in der Rechtsgeschichte und Rechtsphilosophie viele Begründungen, warum es Strafen geben muss. Wir werden hier nicht auf alle Überlegungen eingehen können, aber ein Grundverständnis darüber, was Strafrecht ist und wozu es da ist, ist gerade auch für Ihre zukünftige Tätigkeit in der Sozialen Arbeit wichtig.

Nach unserer heutigen Auffassung dient das Strafrecht nicht sich selbst, sondern einem Zweck in der Gesellschaft. Es soll ein funktionierendes Miteinander ermöglichen. Dieses wäre gefährdet, wenn Einzelne sich grob entgegen wichtiger Grundregeln für ein gutes Zusammenleben verhalten würden. Würde man z. B. tolerieren, dass man einen anderen Menschen umbringen kann, weil man ihn nicht mag, wäre ein friedliches Leben, wie wir es kennen, nicht denkbar. Strafrecht will also verhindern, dass es zu sozialschädlichem Verhalten kommt, indem es abschreckt (das nennt man negative Prävention) und indem es hilft, Menschen (wieder) auf den richtigen Weg zu führen (positive Prävention).

Je nachdem, ob man bei einer einzelnen Person ansetzt oder die Wirkung des Strafrechts auf alle Mitglieder einer Gesellschaft in den Blick nimmt, spricht man von Spezial- oder Generalprävention.

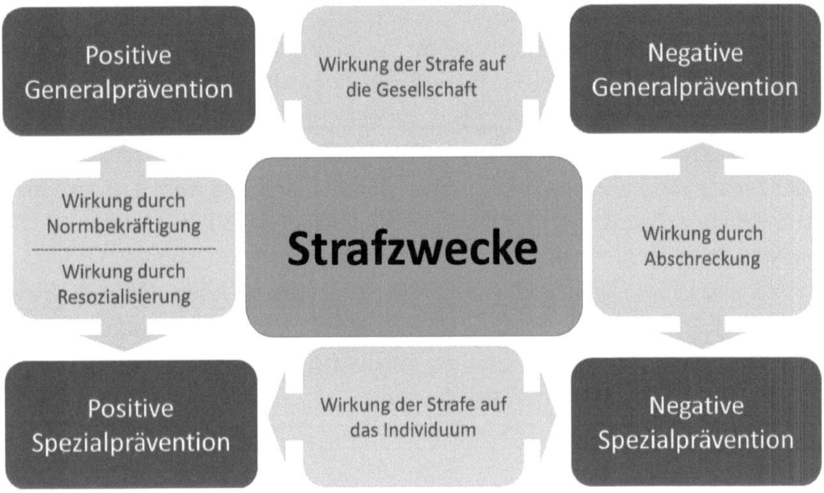

Schließlich will das Strafrecht auch verhindern, dass es zu Selbstjustiz kommt. Gäbe es keine Polizei, keine Staatsanwaltschaft und keine Gerichte, die Straftaten verfolgen und bestrafen, würden viele sich für begangenes Unrecht rächen wollen. Auch das würde eine Gesellschaft sehr belasten und es würde in vielen Fällen auch zu nicht angemessenen Sanktionen führen, vielmehr würde sich der oder die Stärkere durchsetzen.

Das Strafrecht hat aber Grenzen. Es sollen nur die Verhaltensweisen bestraft werden, die in einer Gesellschaft auf keinen Fall toleriert werden können. Nur weil vielen etwas nicht gefällt, man es vielleicht als unfreundlich oder unmoralisch bezeichnet, muss darauf nicht gleich mit einer Strafe reagiert werden. Daher ist es unter Strafrechtswissenschaftler*innen z. B. umstritten, ob Schwarzfahren oder der Besitz „weicher“ Drogen strafbar sein sollte oder nicht.

5.1.2. Grundprinzipien des Strafrechts

Das führt gleich zu einem der wichtigsten Grundprinzipien des Strafrechts: dem sog. Ultima-ratio-Prinzip (das kommt – wie so vieles in der „Juristerei" – aus dem Lateinischen und bedeutet in etwa „letztes/äußerstes Mittel"). Das Strafrecht soll also nur dann eingreifen, wenn es unbedingt nötig ist. Das Strafrecht erfasst daher – wie schon angedeutet – nicht alles, was gesellschaftlich unerwünscht ist. Es ist, wie der/die Jurist*in sagt „fragmentarisch".

Ein weiterer Grundsatz im Strafrecht ist das sog. Schuldprinzip. Damit ist einerseits gemeint, dass nur ein Verhalten bestraft werden soll, dass dem/der Täter*in auch persönlich vorgeworfen werden kann. Auf der anderen Seite begrenzt das Schuldprinzip auch die Strafhöhe. Jede Strafe muss schuldangemessen sein. Nur weil eine noch schärfere Sanktion abschreckender wirken würde, darf sie nicht verhängt werden, wenn sie nicht mehr im Verhältnis zur Tat steht. So würde es sicherlich den/die eine*n oder andere*n Kaufhausdieb*in abschrecken, wenn dafür – wie teils im Mittelalter – die Hände abgehackt würden. Aber natürlich steht eine solche Bestrafung völlig außer Verhältnis zur begangenen Straftat. Daher erhält ein*e Kaufhausdieb*in in der Regel „nur" eine Geldstrafe.

Oben haben wir schon besprochen, dass Strafrecht Straftaten verhindern will. Es ist daher ein wichtiger Grundsatz, dass dem/der Täter*in geholfen werden soll, in Zukunft ein straffreies Leben zu führen. Man spricht hier vom Resozialisierungsprinzip. Leider wird gerade dieser wichtige Aspekt des Strafrechts oft zu wenig beachtet. Als zukünftige Sozialarbeiter*innen können Sie daran jedoch viel ändern, denn Sie werden – wenn sie mit Straffälligen arbeiten – vorwiegend im Bereich der Resozialisierung tätig sein.

Nicht zuletzt müssen noch zwei wichtige Prinzipien genannt werden, bei denen man sich am besten wieder die lateinischen Begriffe merkt: „nulla poena sine lege“ und „ne bis in idem“. Das erste bedeutet, dass es keine Strafe ohne Gesetz geben darf. Man kann also nicht im Nachhinein für etwas verurteilt werden, das zum Zeitpunkt, als man es getan hat, gar nicht strafbar war. „Ne bis in idem“ heißt übersetzt „nicht zweimal für dasselbe“. Das ist fast schon selbsterklärend. Gemeint ist hier das sog. Doppelbestrafungsverbot. Es ist also nicht möglich, für ein und dieselbe Handlung mehrfach bestraft zu werden.

5.1.3. Der Tatbestand

Weil es keine Strafe ohne Gesetz geben darf, hat der Gesetzgeber die Verhaltensweisen, die er für strafwürdig hält, in sog. Tatbeständen umschrieben. Wie bei allen Gesetzen ist dies der Versuch, mit einer abstrakt generellen Regelung die im Detail sehr unterschiedlichen Sachverhalte des echten Lebens zu umschreiben. Im Strafrecht gilt hier die Besonderheit, dass der Wortlaut der Norm nicht überschritten werden darf. Es ist also nur das strafbar, was ausdrücklich und eindeutig in der Gesetzesnorm steht. Straftatbestände finden sich hauptsächlich im Strafgesetzbuch (StGB), aber auch vereinzelt in anderen Gesetzen (z. B. Insolvenzverschleppung in § 15 InsO oder Besitz von Betäubungsmitteln in § 29 BtMG).

Der Tatbestand umschreibt zunächst objektiv das Verhalten, das strafbar ist. So steht z. B. in § 223 StGB „Wer eine andere Person körperlich misshandelt oder an der Gesundheit schädigt, wird […] bestraft“. Es ist also verboten, einen anderen körperlich zu misshandeln oder an der Gesundheit zu schädigen (was das genau bedeutet, klären wir weiter unten). Macht man es dennoch, droht eine Bestrafung.

Es genügt in der Regel nicht, dass ein bestimmtes Verhalten objektiv geschehen ist. Vielmehr setzen die meisten Straftatbestände zudem voraus, dass der/die Täter*in die Tat auch bewusst begehen wollte. Man spricht hier vom Vorsatz. Dieser (und manchmal auch noch zusätzliche spezielle Vorstellungen und Ziele der Täterin oder des Täters) bilden den sogenannten subjektiven Tatbestand.

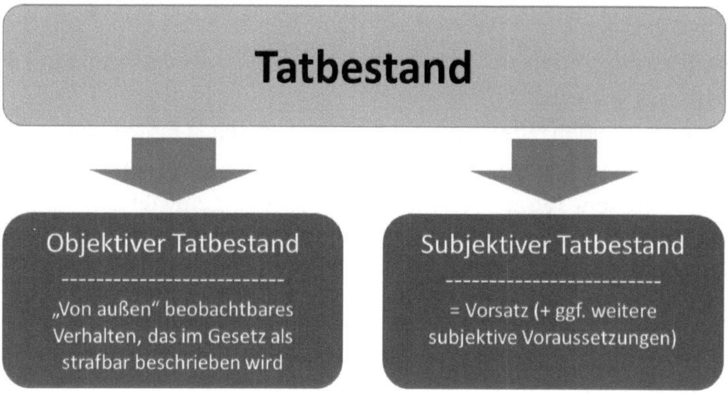

Der objektive Tatbestand umschreibt das Verhalten, das man von außen beobachten kann und das strafbar sein soll. Der subjektive Tatbestand betrifft das, was der/die Täter*in sich dabei gedacht hat.

5.1.4. Rechtswidrigkeit

Als nächstes sehen wir uns folgenden kleinen Beispielsfall an:

Beispiel

T schlägt O, wodurch dieser Schmerzen erleidet und ein Hämatom davonträgt. T verteidigt sich damit aber nur gegen einen tätlichen Angriff O's, den sie nicht anders abwehren kann.

In diesem Fall ist der Tatbestand der Körperverletzung (§ 223 StGB) sowohl objektiv als auch subjektiv erfüllt. Es liegt eine körperliche Misshandlung und Gesundheitsschädigung vor. T wollte das auch und hatte daher Vorsatz. Es spricht daher zunächst vieles dafür, dass sie sich auch strafbar gemacht hat.

Schon der gesunde Menschenverstand sagt uns jedoch, dass es nicht ohne Weiteres strafbar sein kann, wenn man sich nur zu verteidigen versucht. Und tatsächlich greift hier ein sogenannter Rechtfertigungsgrund (in diesem Fall § 32 StGB „Notwehr"). Damit etwas strafbar ist, muss also nicht nur der Tatbestand (objektiv und subjektiv) erfüllt sein, sondern die Tat muss auch rechtswidrig sein. Das ist sie aber nicht, wenn – wie in unserem Beispielsfall – ein Rechtfertigungsgrund eingreift.

Ein weiterer wichtiger Rechtfertigungsgrund ist § 34 StGB (Notstand). Ähnlich wie bei der Notwehr kann man nach dieser Norm gerechtfertigt handeln, wenn man eine Gefahr für sich oder andere abwendet. Allerdings ist § 34 StGB vom Anwendungsbereich etwas weiter, verlangt dafür aber eine Abwägung zwischen dem Schaden, den man durch die Verteidigung anrichtet, und dem Rechtsgut, welches dadurch geschützt wird.

Erwähnung finden muss hier noch die rechtfertigende Einwilligung. So würde sich z. B. jeder Arzt, Tätowierer usw. strafbar machen, wenn die Person, die sich der Operation, dem Tätowieren etc. unterzieht, nicht einwilligen könnte. Diese Verhaltensweisen erfüllen nämlich alle per se den objektiven und subjektiven Tatbestand der Körperverletzung nach § 223 StGB.

Es gibt noch weitere Rechtfertigungsgründe, das Grundprinzip ist aber immer gleich: Es gibt Tatbestände. Wenn diese erfüllt sind, darf man in der Regel davon ausgehen, dass eine Straftat vorliegt. In bestimmten Ausnahmefällen kann aber ein an sich strafbares Verhalten gerechtfertigt sein, wenn ein Rechtfertigungsgrund vorliegt. In diesem Fall ist das Verhalten nicht strafbar, obwohl der Tatbestand erfüllt ist.

5.1.5. Schuld

Damit jemand für eine Tat bestraft werden kann, muss er oder sie auch schuldhaft handeln. Man muss dem/der Täter*in die Tat vorwerfen können. Wenn jemand z. B. so betrunken ist, dass er oder sie das eigene Handeln nicht mehr Steuern kann, ist dies unter bestimmten Umständen eben nicht vorwerfbar (dafür aber womöglich, dass er oder sie sich derart betrunken hat). Hier greift § 20 StGB, der beschreibt, wann von einem Zustand der Schuldunfähigkeit auszugehen ist. Schuldunfähigkeit kann auch die Folge einer psychischen Erkrankung sein.

Es gibt andererseits auch Situationen, in denen sich jemand in einem ethischen/moralischen oder auch persönlichen Dilemma befindet, sodass ihm oder ihr ein an sich strafbares Verhalten nicht vorgeworfen werden kann. Ein klassisches Beispiel ist der entschuldigende Notstand gem. § 35 StGB. Wenn man eine Straftat begeht, um eine nahestehende Person vor einer gegenwärtigen Gefahr zu retten, mag das immer noch nicht „richtig" sein. Es gibt aber Situationen, in denen das dem/der Täter*in zumindest nicht vorgeworfen werden kann und daher keine Schuld vorliegt. Vielleicht kennen Sie auch folgendes Beispiel:

Beispiel

Ein Kampfpilot steht vor der Wahl, entweder einen von Terroristen entführten, vollbesetzten Passagierjet abzuschießen und damit mehrere Menschen zu töten oder zuzulassen, dass dieses Flugzeug in ein voll besetztes Fußballstadium stürzt und noch viel mehr Menschen ihr Leben verlieren. Unser Strafrecht erlaubt es selbst in einem solchen Extremfall nicht, andere Menschen vorsätzlich zu töten. Dennoch wird man den Piloten nicht bestrafen wollen, wenn er sich entscheidet, die Maschine abzuschießen, um viele Menschenleben zu retten. Man kann ihm seine Entscheidung in dieser moralischen Extremsituation nicht vorwerfen (und nimmt daher einen sogenannten übergesetzlichen entschuldigenden Notstand an).

5.1.6. Versuchsdelikte

Im Grundsatz wird ein/e Täter*in nur bestraft, wenn er/sie eine Tat auch wirklich begeht. Wenn jemand sich nur vorstellt, wie er eine Straftat begeht, oder überlegt, ob er dies tun soll, wird das nach dem Motto „die Gedanken sind frei" nicht verfolgt. Es gibt allerdings Fälle, in denen eine Tat nicht vollendet wird, der Versuch dieser Tat aber trotzdem bestraft werden kann. Nötig ist dafür zunächst ein sog. Tatentschluss. Der/die Täter*in muss vorgehabt haben, eine bestimmte Straftat zu begehen. Das allein genügt indes noch nicht. Es muss auch bereits unmittelbar zur Begehung der Tat angesetzt worden sein.

Beispiel

T schießt mit einer Pistole auf O, um ihn zu töten, verfehlt ihn aber knapp. Hier wollte T eine Straftat (Totschlag, § 212 StGB) begehen. Er hat auch bereits auf O gezielt und sogar abgedrückt. Damit hat er unmittelbar zur Tatverwirklichung angesetzt.

Eine solche Versuchsstrafbarkeit gibt es nur bei Verbrechen (das sind besonders schwerwiegende Delikte mit einer Mindeststrafe von einem Jahr Freiheitsstrafe) oder wenn dies ausdrücklich so im Gesetz steht (siehe z. B. § 223 Abs. 2 StGB).

5.1.7. Unterlassensdelikte

In der Regel wird jemand bestraft, weil er etwas tut, z. B. einen anderen schlägt oder tötet. Es gibt aber Fälle, in denen es bestraft wird, wenn jemand gerade nichts macht, obwohl er etwas tun sollte. Man spricht dann von sog. Unterlassensdelikten. Um es noch komplizierter zu machen, muss man auch noch zwischen zwei Arten von Unterlassensdelikten unterscheiden: Die sog. echten Unterlassensdelikte und die unechten Unterlassensdelikte. Am besten lässt sich das an zwei Beispielen erklären:

Beispiel

T sieht, wie im Straßenverkehr vor ihr der O einen Unfall erleidet, offensichtlich schwer verletzt wird und Hilfe benötigt. Dennoch fährt T – obwohl sie helfen könnte – einfach weiter, weil sie schnell nach Hause möchte, um die neueste Folge ihrer Lieblingsserie anzusehen.

In diesem Fall greift § 323c StGB (Unterlassene Hilfeleistung), da T, obwohl es ihr möglich und zumutbar war, bei einem Unglücksfall keine Hilfe leistete. Hier ist im Gesetz ausdrücklich ein Unterlassen unter Strafe gestellt. Man spricht von einem „echten" Unterlassensdelikt.

Beispiel

Die alleinerziehende T lässt ihren zweijährigen Sohn verhungern. Der natürliche Impuls ist, dass auch dieses Verhalten strafbar sein müsste. Und natürlich denkt man an den Tatbestand des Totschlags, § 212 StGB. Hier ist es aber nicht so einfach. T macht ja gerade nichts. In § 212 StGB steht, dass bestraft wird, wer einen anderen Menschen tötet. Es wird also ein aktives Tun vorausgesetzt.

In dieser Konstellation kommt § 13 StGB ins Spiel. Danach kann sich auch diejenige strafbar machen, die den Erfolg eines Straftatbestandes nicht abwendet, obwohl es ihr oder ihm möglich und er/sie für dafür verantwortlich ist, dass der Erfolg nicht eintritt. T hätte ihren Sohn nur füttern müssen. Sie hätte also den Erfolg abwenden können. Und als Mutter hat sie für ihr eigenes Kind zu sorgen und daher dafür einzustehen, dass es nicht verhungert.

Man spricht bei dieser Einstandspflicht von einer sog. Garantenstellung. Diese kann sich z. B. aus gesetzlichen Anordnungen, aus sehr engen persönlichen Beziehungen (z. B. Ehepartner), aber auch aus der Verantwortung für eine Gefahrenquelle (z. B. Betreiber eines Atomkraftwerks, der dafür zu sorgen hat, dass dieses sicher ist) oder aus einem pflichtwidrigen Vorverhalten ergeben.

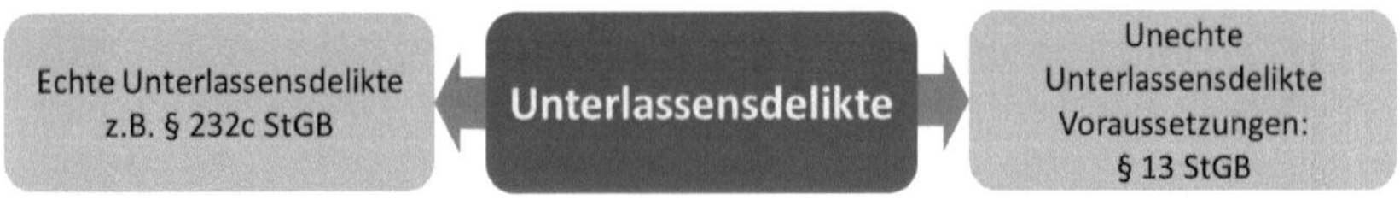

Bei derartigen Fällen spricht man von einem unechten Unterlassensdelikt. Unecht, weil das Unterlassen nicht ausdrücklich im Tatbestand steht, sondern nur über die Regelung des § 13 StGB ausnahmsweise ein Unterlassen bestraft werden kann.

5.1.8. Fahrlässigkeit

Wir haben gelernt, dass man sich grundsätzlich nur strafbar macht, wenn man die Tat auch begehen will, also vorsätzlich handelt. Hiervon gibt es aber Ausnahmen: die Fahrlässigkeitsdelikte. Das sind Straftatbestände, die keinen subjektiven Tatbestand voraussetzen, sondern es bereits genügen lassen, wenn es zu einem tatbestandlichen Erfolg kommt, weil man die erforderliche Sorgfalt hat vermissen lassen.

Beispiel

Der Bahnmitarbeiter B soll den Zugverkehr überwachen. Stattdessen schaut er sich YouTube-Videos auf seinem Handy an. Er bemerkt daher nicht, dass ein Signal falsch eingestellt ist und daher zwei Züge auf demselben Gleis aufeinander zurasen. Es kommt zum Zusammenstoß, bei dem mehrere Zugpassagiere ums Leben kommen.

Hier handelt B grob sorgfaltswidrig und damit fahrlässig. Er macht sich der fahrlässigen Tötung gem. § 222 StGB strafbar.

Bitte beachten Sie: Wegen Fahrlässigkeit kann man sich nur strafbar machen, wenn es hierzu einen Tatbestand gibt, der ausdrücklich fahrlässiges Verhalten unter Strafe stellt. So gibt es z. B. keine fahrlässige Sachbeschädigung. Es ist also nicht strafbar, wenn jemand z. B. aus Unachtsamkeit im Straßenverkehr ein anderes Auto beschädigt.

5.1.9. Täterschaft und Teilnahme

Straftäter agieren nicht immer alleine. Daher stellt sich die Frage, wie es sich im Strafrecht auswirkt, wenn mehrere Personen bei einer Straftat zusammenwirken. Auch hier zur Veranschaulichung einige Beispielsfälle:

Beispiel

A und B wollen dem O eine Lektion erteilen und verprügeln ihn, wie vorab geplant, gemeinschaftlich.

Hier führen A und B die Tat (eine Körperverletzung) gemeinsam aufgrund eines gemeinsamen Tatplanes aus. Man spricht von Mittäterschaft, § 25 Abs. 2 StGB.

Beispiel

A will O eine Lektion erteilen. Dabei möchte sie sich aber nicht selbst die Hände schmutzig machen, sondern überredet B, O zu verprügeln, was diese auch tut.

Hier hat sich jedenfalls B einer Körperverletzung strafbar gemacht. Aber was ist mit A? Selbst hat A der O nichts angetan. Sie hat allerdings B dazu bestimmt, die Tat zu begehen und das ist gem. § 26 StGB als Anstiftung ebenfalls strafbar.

Beispiel

A verprügelt O. B steht daneben und feuert A dabei lauthals an.

In diesem Fall liegt wie oben eine Strafbarkeit des A vor. Spannend ist auch hier, ob auch B sich strafbar gemacht hat. Er hat A nicht dazu gebracht, die Tat zu begehen. Eine Anstiftung scheidet daher aus. Aber er unterstützt – wenn auch nur psychisch – die Tat von A und das genügt für eine sogenannte Beihilfe nach § 27 StGB.

5.2. Ausgewählte Delikte

Natürlich können in diesem Lehrbuch nicht alle im deutschen Strafrecht existierenden Delikte im Detail besprochen werden. Im Folgenden werden wir uns aber einige wichtige oder in der Praxis besonders oft vorkommende Delikte etwas näher ansehen.

5.2.1. Tötungsdelikte

Das menschliche Leben steht unter einem besonderen Schutz. Es ist also kein Wunder, dass es gleich mehrere Tatbestände im Strafgesetzbuch gibt, die die Tötung eines Menschen unter hohe Strafen stellen.

Nichtjuristen sprechen bei einer Tötung meist von „Mord". Tatsächlich gibt es einen Straftatbestand des Mordes in § 211 StGB. Dies ist allerdings nach herrschender Meinung nur eine Qualifikation des Totschlags (§ 212 StGB), also der vorsätzlichen Tötung eines anderen Menschen. Beim Mord muss über die Voraussetzungen des § 212 StGB noch ein sog. Mordmerkmal vorliegen.

Mordmerkmale sind Mordlust, Befriedigung des Geschlechtstriebs, Habgier, niedrige Beweggründe, Heimtücke, grausame Begehung oder eine solche mit gemeingefährlichen Mitteln sowie die Ermöglichungs- oder Verdeckungsabsicht in Bezug auf eine andere Straftat. In all diesen Fällen geht man davon aus, dass das Unrecht noch über das der vorsätzlichen Tötung eines Menschen hinausgeht. Da sie in der Praxis besonders häufig vorkommen, werden hier die Mordmerkmale Heimtücke und sonstige niedrige Beweggründe etwas näher besprochen.

Heimtückisch handelt, wer es zur Tötung ausnutzt, dass das Opfer arglos und aus diesem Grund wehrlos ist. Es wird als besonders verwerflich angesehen, dass der/die Täter*in ein Überraschungsmoment nutzt und somit dem Opfer Verteidigungsmöglichkeiten nimmt.

Sehr umstritten ist es unter Juristen, wann sonstige niedrige Beweggründe vorliegen. Die übliche Definition ist hier eher vage. Demnach handelt jemand aus sonstigen niedrigen Beweggründen, wenn die Tatmotive auf sittlich tiefster Stufe stehen, ja geradezu verächtlich sind. Problematisch ist dies z. B., wenn Täter*innen einen anderen kulturellen Hintergrund haben und deshalb bestimmte Gründe für eine Tötung nicht als vergleichbar geächtet ansehen wie in Deutschland. Bekannt geworden sind insbesondere sogenannte „Ehrenmorde“. Die Rechtsprechung bewertet diese meist als Mord aus niedrigen Beweggründen.

Daneben gibt es auch § 222 StGB, die fahrlässige Tötung. Im weiteren Sinne lassen sich auch Tatbestände, die Fälle erfassen, bei denen ein/e Täter*in ein bestimmtes vorsätzliches Delikt begeht und dadurch fahrlässig den Tod einer anderen Person hervorruft, zu den Tötungsdelikten zählen. Beispiele hierfür sind die Tötung mit Todesfolge, § 227 StGB sowie die Brandstiftung mit Todesfolge, § 306c StGB.

Totschlag, 212 StGB

- *Vorsätzliche Tötung eines Menschen*

Mord, 211 StGB

- *Vorsätzliche Tötung + Mordmerkmal*

Fahrlässige Tötung, 222 StGB

- Tötung eines Menschen, die kausal auf eine Pflichtverletzung zurückgeht

Delikte, die unbeabsichtigt zur Tötung führen

- z.B. Körperverletzung mit Todesfolge, § 227 StGB, Brandstiftung mit Todesfolge, § 306c StGB

5.2.2. Körperverletzungsdelikte

Körperverletzungsdelikten kommt in der Praxis aufgrund ihrer Häufigkeit eine besonders große Bedeutung zu. Gerade bei jugendlichen Straftäter*innen sind sie eine der häufigsten Deliktsgruppen. Wenn Sie später im Bereich der Jugendgerichtshilfe, bei einem Jugendamt oder auch sonst mit straffälligen Jugendlichen arbeiten, werden sie daher zwangsläufig häufig mit dieser Gruppe von Delikten befasst sein.

„Einfache" Körperverletzung

Nach § 223 StGB ist eine üble und unangemessene Behandlung oder Gesundheitsschädigung eines anderen Menschen unter Strafe gestellt. Gesundheitsschädigung meint das Hervorrufen eines vom Normalen abweichenden Zustandes. Dies ist z. B. jede Wunde aber auch bereits ein Hämatom. Vereinfacht gesagt: Es müssen entweder Schmerzen zugefügt werden oder eine Verletzung. Meist liegt ohnehin beides zugleich vor. Natürlich ist nicht jede leichteste unangenehme Berührung strafbar. Erforderlich ist immer, dass eine gewisse Erheblichkeitsschwelle überschritten wird.

Gefährliche Körperverletzung

Die gefährliche Körperverletzung gem. § 224 StGB ist eine Qualifikation der „einfachen" Körperverletzung. Es müssen also die Voraussetzungen des § 223 StGB vorliegen und zusätzlich die Tat mittels Gift oder eines anderen gesundheitsschädlichen Stoffes, einer Waffe, eines gefährlichen Werkzeugs, mittels eines hinterlistigen Überfalls oder mit einem anderen gemeinschaftlich begangen werden oder es muss die abstrakte Gefahr des Todes des Opfers bestehen. Dabei genügt eine der genannten Varianten, damit es sich um eine gefährliche Körperverletzung handelt. Wie man schon an der Bezeichnung gefährliche Körperverletzung und auch an den genannten Fallgruppen erkennen kann, ist hier die besondere Gefährlichkeit der konkreten Tatausführung Grund für die höhere Strafe.

Besonders häufig sind Fälle der gemeinschaftlichen Begehung. Hier genügt es bereits, wenn zwei Täter*innen dem Opfer gegenübertreten. Es müssen nicht unbedingt beide jeweils Körperverletzungshandlungen begehen. Ausreichend ist es, wenn, eine*r der Beiden den/die Haupttäter*in anfeuert. Die erhöhte Gefährlichkeit liegt bei dieser Tatbestandsalternative in dem Umstand begründet, dass das Opfer sich einer Übermacht gegenübersieht und sich deshalb weniger gut verteidigen kann. Zudem besteht bei einem Zusammenwirken mehrerer auch eher die Gefahr einer Eskalation des Geschehens.

Schwere Körperverletzung und Körperverletzung mit Todesfolge

Sowohl für die schwere Körperverletzung (§ 226 StGB) als auch für die Körperverletzung mit Todesfolge muss zunächst eine einfache oder gefährliche Körperverletzung als sog. Grunddelikt vorliegen. Hinzu kommt der Eintritt einer schweren Folge, die mit eben diesem Grunddelikt in spezifischer Weise verknüpft sein muss. Die schwere Folge, also bei § 227 StGB der Tod einer anderen Person, muss der Täter dabei mindestens fahrlässig verursachen. Man spricht von einem sog. erfolgsqualifizierten Delikt. Für § 226 StGB muss eine der abschließend aufgezählten Folgen eintreten, also z. B. Verlust des Seh- oder Hörvermögens, Verlust eines wichtigen Körpergliedes, dauerhafte Entstellung oder Lähmung.

5.2.3. Diebstahl und Unterschlagung

Diebstahl

Wenn man nach Beispielen für Straftaten fragt, fällt vielen neben Mord und Körperverletzung als erstes der Diebstahl (§ 242 StGB) ein. Tatsächlich ist Diebstahl laut Kriminalstatistik einer der häufigsten Straftatbestände.

Geschütztes Rechtsgut ist hier das Eigentum. Objektiv muss der/die Täter*in eine fremde bewegliche Sache wegnehmen. Unter Wegnahme ist der Bruch fremden und die Begründung neuen Gewahrsams zu verstehen. Vereinfacht gesagt, muss der/die Täter*in eine Sache an sich nehmen, über die das Opfer die tatsächliche Sachherrschaft hat. Von einem Bruch dieses fremden Gewahrsams spricht man, wenn dies ohne oder gegen den Willen des ursprünglichen Gewahrsamsinhabers erfolgt. Dazu ein Fallbeispiel:

Beispiel

T geht in einen Drogeriemarkt. Dort nimmt sie in einem unbeobachteten Moment einen teuren Mascarastift aus dem Regal und steckt ihn in ihre Hosentasche. An der Kasse nimmt sie noch eine Packung Kaugummi in die Hand, legt aber nur eine Flasche Wasser für 0,90 Euro auf das Kassenband. Mascara und Kaugummi möchte sie sich ohne Bezahlung aneignen. Noch bevor sie das Geschäft verlassen kann, wird T durch den Ladendetektiv aufgehalten, der alles beobachtet hatte.

Sowohl der Mascara als auch der Kaugummi sind bewegliche Sachen und für T fremd. Sie befinden sich im Alleineigentum der Drogeriekette. Ursprünglich hatte zudem der Inhaber der Drogeriekette das Gewahrsam an diesen Gegenständen. Hierfür genügt es, wenn sich die Sachen in dessen Gewahrsamssphäre, hier: dem Drogeriemarkt, befinden. Problematisch ist in diesem Fall aber, ob T durch das Einstecken des Mascara und das In-die-Hand-Nehmen des Kaugummis bereits neuen Gewahrsam begründet hat. Sie befindet sich ja immer noch in den Räumen der Drogeriekette und damit eigentlich in der Gewahrsamssphäre des Geschäftsinhabers. Allerdings genügt es für die Begründung neuen Gewahrsams, wenn man eine Sache in einen Bereich bringt, der dem/der Täter*in zuzuordnen ist. Man spricht von einer sogenannten Gewahrsamsenklave. Durch das Einstecken des Mascara hat T daher neuen Gewahrsam an diesem begründet. Komplizierter ist dies bei dem Kaugummi, den sie lediglich in der Hand gehalten hat. Bei kleinen Dingen soll auch dies für eine Gewahrsamsenklave genügen, nicht jedoch bei größeren Gegenständen. Auch für den Kaugummi kann man somit die Begründung neuen Gewahrsams bejahen. Dies geschah jeweils ohne bzw. gegen den Willen des Geschäftsinhabers. Unbeachtlich ist, dass der Ladendetektiv das Geschehen beobachtet hat. Diebstahl ist kein heimliches Delikt. Der Ladendetektiv kann und wollte kein Einverständnis in den Gewahrsamsbruch geben.

Wie bei allen Vorsatzdelikten muss auch beim Diebstahl der/die Täter*in Vorsatz hinsichtlich aller Merkmale des objektiven Tatbestandes haben. Darüber hinaus ist es erforderlich, dass der/die Täter*in sich die Sache rechtswidrig zueignen will. In unserem Fall müsste T also die Absicht haben, eine eigentümerähnliche Herrschaftsstellung bzgl. des Mascarastiftes und des Kaugummis einzunehmen. Zusätzlich müsste sie den Vorsatz gehabt haben, den Geschäftsinhaber aus seiner Eigentümerstellung dauerhaft zu verdrängen. Das ist hier natürlich der Fall. Sie wollte sowohl den Mascara als auch die Kaugummis für sich behalten und nutzen. Anders wäre das jedoch in folgendem Fallbeispiel:

Beispiel

T möchte abends von einer Party günstig nach Hause kommen. Ärgerlicherweise ist es für eine Heimfahrt mit dem ÖPNV bereits zu spät. Kurzerhand entschließt sich T das nicht abgesperrte Fahrrad eines anderen Partygastes zu nutzen. Sie will es ihm am nächsten Tag zurückbringen.

In diesem Fall liegt unproblematisch die Wegnahme einer fremden beweglichen Sache vor. Es fehlt aber an der Zueignungsabsicht. T wollte das Fahrrad zeitnah zurückbringen und somit den ursprünglichen Eigentümer gerade nicht aus seiner Stellung verdrängen. Damit fehlt es am subjektiven Tatbestand des § 242 StGB. Aber Vorsicht: T hat sich dennoch strafbar gemacht. Sie hat eine auch bei Fahrrädern strafbare Gebrauchsanmaßung (§ 248a StGB) begangen.

Unterschlagung

Die Unterschlagung nach § 246 StGB erfasst Fälle, in denen zwar nicht wie beim Diebstahl der Gewahrsam gebrochen wurde, sich der/die Täter*in aber dennoch eine fremde Sache zugeeignet hat. Die Zueignung ist hier Teil des objektiven Tatbestandes.

> **Beispiel**
>
> T leiht sich das Auto ihres Freundes und verkauft und übergibt es unter der Behauptung, es sei ihr eigenes, an B.

Eine Wegnahme i.S.d. § 242 StGB liegt hier nicht vor. B hat T das Auto schließlich freiwillig überlassen. Durch die Behauptung gegenüber B, dass es sich um ihren eigenen PKW handle, geriert sich T aber wie eine Eigentümerin. Hierin liegt eine Zueignung des Fahrzeugs. Im vorliegenden Fall ist zudem die Qualifikation des § 246 Abs. 2 StGB (veruntreuende Unterschlagung) erfüllt, da B der T die Sache, also das Auto, im Rahmen des Leihvertrages anvertraut hatte.

5.2.4. Betrug und Betrugsähnliche Delikte

Betrug und betrugsähnliche Delikte wie z. B. das Erschleichen von Leistungen zählen genau wie der Diebstahl zu den Eigentums- und Vermögensdelikten und treten sehr häufig auf.

Betrug

Bei dem Thema Betrug denkt man schnell an den klassischen „Gentleman-Betrüger" oder an den Bereich der Wirtschaftskriminalität. Für den Bereich der Sozialen Arbeit besonders relevant ist hingegen vor allem der sog. Sozialbetrug, wenn also Sozialleistungen unberechtigt (weiter) bezogen werden.

Tatbestandlich setzt der Betrug zunächst eine Täuschungshandlung, also die irreführende Einwirkung auf das Vorstellungsbild einer anderen Person voraus. Hierzu genügt bereits ein Verhalten, dem konkludent eine Erklärung innewohnt. So erklärt man beispielsweise bei einem Bestellvorgang in einem Restaurant konkludent, dass man willens und in der Lage ist, die Bestellung zu bezahlen. Eine Täuschung ist auch durch Unterlassen möglich, sofern der/die Täter*in eine Garantenstellung hat und daraus verpflichtet ist, bestimmte Angaben zu machen oder über Tatsachen aufzuklären. Mit dieser Konstellation hat man es zumeist bei Fällen des Sozialbetrugs zu tun.

Beispiel

T bezieht Sozialleistungen nach dem SGB II. Als sie einen Job findet, teilt sie dies dem Leistungsträger nicht mit, sondern lässt sich weiterhin Sozialhilfeleistungen auszahlen, auf die sie keinen Anspruch mehr hat.

In diesem Fallbeispiel täuscht T nicht aktiv. Sie ist aber verpflichtet, die Aufnahme einer beruflichen Tätigkeit anzuzeigen und hat eine dementsprechende Garantenpflicht. Es handelt sich daher um eine Täuschung durch Unterlassen.

Die Täuschung muss sich auf Tatsachen beziehen. Das sind dem Beweis zugängliche Ereignisse und Vorgänge der Gegenwart oder Vergangenheit. Da niemand sicher wissen kann, was in der Zukunft passieren wird, fallen zukünftige Ereignisse nicht unter den Tatsachenbegriff. Man kann aber über eine Absicht bzw. ein Vorhaben, also eine sog. innere Tatsache täuschen. So liegt z. B. die Bezahlung des im Restaurant bestellten Essens in der Zukunft. Eine Täuschung über die Absicht, bezahlen zu wollen, ist jedoch möglich.

Durch die Täuschung muss bei der getäuschten Person ein Irrtum hervorgerufen werden. So geht z. B. die Bedienung im Restaurant bei Aufnahme der Bestellung davon aus, dass der Gast die Bestellung später bezahlen möchte. Hat der Gast aber in Wirklichkeit vor, die Zeche zu prellen, unterliegt die Bedienung einem Irrtum. Folge des Irrtums muss eine Vermögensverfügung sein. Im Beispiel erhält der Gast Essen und Getränke aus dem Vermögen des Restaurants. Abstrakt ausgedrückt versteht man unter einer Vermögensverfügung jedes Handeln, Dulden oder Unterlassen, das sich unmittelbar vermögensmindernd auswirkt. Dabei muss nicht unbedingt das Vermögen des Verfügenden betroffen sein. Es genügt, wenn der/die Verfügende über das Vermögen eines/einer Dritten verfügt, sofern er/sie in dessen Lager steht.

Die Vermögensverfügung muss schließlich einen Vermögensschaden zur Folge haben. Hier vergleicht man das Vermögen der geschädigten Person vor und nach der täuschungsbedingten Vermögensverfügung. Lässt sich ein negativer Saldo feststellen, liegt eine Vermögensverfügung vor. Wird die durch die Verfügung bedingte Vermögensminderung hingegen kompensiert, fehlt es an einem Schaden. Fälscht z. B. eine Arbeitnehmer*in Arbeitszeugnisse und wird deshalb eingestellt, lässt sich bei ihrer Arbeitgeber*in eine Täuschung, ein Irrtum und mit der Bezahlung auch eine Vermögensverfügung bejahen. Erfüllt die Arbeitnehmer*in aber ihre arbeitsvertraglichen Pflichten, fehlt es an einem negativen Saldo und damit an einem Vermögensschaden. Gerade die Berechnung des Vermögensschadens wirft in der Praxis häufig Probleme auf. Der Bundesgerichtshof stellt hier hohe Anforderungen. Eine bloße Vermögensgefährdung genügt nicht. Es muss stets ein bezifferbarer Schaden nachweisbar sein.

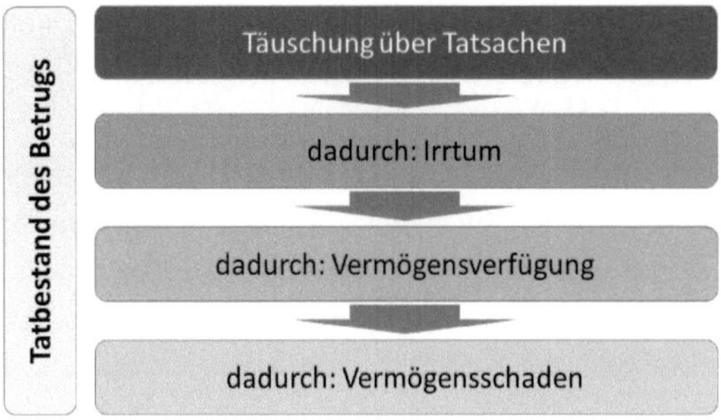

Computerbetrug

Der Computerbetrug (§263a StGB) wurde eingeführt, um Fälle zu erfassen, in denen kein Mensch, sondern ein Informationsverarbeitungssystem „getäuscht" wird. Statt der Täuschung eines Menschen ist hier tatbestandlich also die Beeinflussung eines Datenverarbeitungsvorgangs durch unrichtige Gestaltung eines Programms, durch Verwendung unrichtiger oder unvollständiger Daten, durch unbefugte Verwendung von Daten oder als Auffangtatbestand durch sonstige unbefugte Einwirkung auf den Datenverarbeitungsvorgang erfasst. Nur weil ein Computer für einen Betrug verwendet wird, ist noch nicht von einem Computerbetrug auszugehen. Das ist nur dann der Fall, wenn kein Mensch, sondern nur eine Maschine „getäuscht" wird.

Erschleichen von Leistungen

In der Praxis hat der Tatbestand des §265a StGB eine enorme Bedeutung, insbesondere im Jugendstrafrecht. Auch politisch wird viel über seine Existenzberechtigung diskutiert. Der klassische Fall des §265a StGB ist das sog. Schwarzfahren.

Beispiel

T ist der Überzeugung, dass der ÖPNV kostenlos sein müsse. Dies sei aus sozialen Erwägungen zwingend und diene zudem dem Klimaschutz. Sie löst daher nie ein Ticket, sondern fährt bewusst schwarz und trägt dabei ein T-Shirt mit dem gut leserlichen Aufdruck: „Ich fahre schwarz – für Klima und soziale Gerechtigkeit".

Ob T in diesem Fall strafrechtlich belangt werden kann ist unter Rechtswissenschaftler*innen durchaus umstritten, wenngleich die Rechtsprechung eine Strafbarkeit in vergleichbaren Fällen einhellig bejaht. Der Tatbestand des §265a StGB stellt es u. a. unter Strafe, wenn die die Beförderung durch ein Verkehrsmittel oder der Zutritt zu einer Veranstaltung oder Einrichtung genutzt wird, obwohl beabsichtigt ist, kein Entgelt zu entrichten. Man kennt den Straftatbestand aufgrund der vielen kaum übersehbaren Hinweisschildern im öffentlichen Personennahverkehr.

Umstritten ist vor allem, ob das Delikt aufgrund des Wortes „erschleicht" im Tatbestand eine gewisse Heimlichkeit bzw. Täuschungskomponente verlangt. In diesem Fall würde sich T im Beispielsfall nicht strafbar machen, da sie ja bereits durch den Aufdruck ihres T-Shirts ihre Intention, nicht zu zahlen, deutlich macht. Die Rechtsprechung bejaht die Strafbarkeit trotzdem auch in diesem Fall. Die Leistung werde ebenso erlangt und die bloße Kundgabe der fehlenden Zahlung ändere nichts an der Strafwürdigkeit des Verhaltens.

5.2.5. Raubdelikte

Im Bereich der Vermögensdelikte nehmen der Raub und die raubähnlichen Delikte eine besondere Rolle ein. Hier sind nicht nur Eigentum oder das Vermögen betroffen, sondern die Täter*innen nutzen dazu qualifizierte Nötigungsmittel, nämlich Gewalt oder die Drohung mit einem empfindlichen Übel. Diese besonders strafwürdige Kombination rechtfertigt auch die teils sehr hohen Strafen bei Raub und raubähnlichen Delikten. Gerade bei Jugendlichen und Heranwachsenden gibt es häufig Fälle, die vom Unrechtsgehalt nicht mit der klassischen Vorstellung eines Raubes vergleichbar sind und daher zu einer bedenklichen Stigmatisierung führen können.

Beispiel

Die 15-jährige T ist frustriert, weil ihre Mitschüler*innen als Pausensnack Süßigkeiten mitbekommen, während ihre Eltern sie nur mit Obst und veganen Müsliriegeln versorgen. Sie droht daher O, sie zu verprügeln, wenn sie ihr nicht deren Schokoriegel überlässt. Die völlig eingeschüchterte O möchte einer Auseinandersetzung aus dem Weg gehen und überlässt T die Schokolade. Während der Tat hat T wie üblich ein Taschenmesser bei sich, ohne dieses aber einsetzen zu wollen.

Es handelt sich hier um eine räuberische Erpressung gem. §§ 253, 255 StGB. T nötigt O die Übergabe des Schokoriegels mittels Drohung mit gegenwärtiger Gefahr für ihre körperliche Unversehrtheit ab. Dabei hat sie die Absicht sich rechtswidrig zu bereichern, schließlich hat sie keinen Anspruch auf den Schokoriegel von O. Ein Raub gem. § 249 StGB liegt dagegen nicht vor. Hierfür hätte T Gewalt nutzen müssen. Dies wäre z. B. der Fall, wenn sie O den Riegel mit Gewalt aus der Hand gerissen hätte.

Allein durch das Beisichführen des Messers hat T auch die Qualifikation des § 250 Abs. 1 Nr. 1a StGB verwirklicht, der über § 255 StGB („wird gleich einem

Räuber bestraft“) auch für Fälle der räuberischen Erpressung anwendbar ist. Die Rechtsprechung will das Mitführen eines gefährlichen Werkzeugs selbst dann genügen lassen, wenn dieses nicht zur Tatbegehung genutzt werden soll. Hierfür spricht die abstrakte Gefahr, dass es – anders als geplant – eben doch eingesetzt werden kann.

Die § 250 Abs. 1, Abs. 2 sowie § 251 StGB enthalten noch weitere Qualifikationen, die besonders gefährliche Begehungsformen oder besondere Folgen der Tat härter sanktionieren. Zu den Raubdelikten zählt auch der räuberische Diebstahl gem. § 252 StGB. Dieser Tatbestand ist erfüllt, wenn die Täter*in eines Diebstahls auf frischer Tat betroffen ist – also z. B. noch direkt vor dem Laden von einem Ladendetektiv aufgehalten wird – und Gewalt anwendet oder mit gegenwärtiger Gefahr für Leib oder Leben droht, um sich im Besitz der Beute zu erhalten.

5.2.6. Sexualdelikte

Straftaten, die gegen die sexuelle Selbstbestimmung gerichtet sind, sind zunehmend in den Fokus der gesellschaftlichen Aufmerksamkeit gerückt. Folge waren gleich mehrere Gesetzesverschärfungen in den letzten Jahren sowie eine Zunahme an Strafverfahren.

Sexueller Übergriff / Vergewaltigung

Sexuelle Handlungen gegen den erkennbaren Willen sind gem. § 177 Abs. 1 StGB unter Strafe gestellt, sofern sie eine gewisse Erheblichkeitsschwelle überschreiten, § 184h StGB. Gemeinhin wird von der sog. „Nein heißt Nein“-Regelung gesprochen. Streng genommen ist jedoch nicht einmal ein ausgesprochenes „Nein“ erforderlich, sondern lediglich ein entgegenstehender Wille, der irgendwie – z. B. durch eine ablehnende Haltung – für den/die Täter*in erkennbar wird. Problematisch ist in vielen Fällen die subjektive Tatseite, also ob der/die Täter*in den entgegenstehenden Willen auch tatsächlich erkannt hat. Hinzu kommen meist schwierige Beweisprobleme. Es handelt sich fast immer um sog. Aussage-gegen-Aussage-Konstellationen. Eine Tatnachweis stützt sich dabei im Wesentlichen auf die belastende Aussage des Opfers.

Ist bereits die Fähigkeit, einen freien Willensentschluss zu bilden oder zu äußern, z. B. durch Alkohol- oder Drogenkonsum, beeinträchtigt, greift § 177 Abs. 2 StGB ein. Eine deutlich höhere Strafe droht, wenn der/die Täter*in zur Überwindung des entgegenstehenden Willens Drohungen oder Gewalt einsetzt (§ 177 Ab. 5 StGB) oder wenn es zum Geschlechtsverkehr oder vergleichbaren Handlungen, die mit dem Eindringen in den Körper verbunden sind, gekommen ist.

Sexuelle Belästigung

Eine Strafbarkeitslücke bestand bis 2016 für Fälle, in denen Opfer zwar durch sexuelle Handlungen gegen deren Willen belästigt wurden, durch die aber die Erheblichkeitsschwelle des § 184h StGB nicht überschritten wurde. Für diese Konstellationen hat der Gesetzgeber § 184i StGB eingeführt. Typische Fälle sind das sexuell konnotierte Anfassen des bekleideten Gesäßes. Auch ungewolltes Streicheln oder Umarmungen können unter den Tatbestand fallen, wenn sich aus den Umständen ein Sexualbezug ergibt. Entscheidend ist, dass das Verhalten gegen den Willen des Opfers durchgeführt wird, dieses belästigt und der Täter diesbezüglich auch vorsätzlich handelt.

Sexueller Missbrauch

Das Strafgesetzbuch enthält mehrere Tatbestände, die sexuellen Missbrauch unter Strafe stellen. Gemein ist diesen Delikten, dass eine besonders schutzbedürftige Situation des Opfers durch die Täter*in zu sexuellen Handlungen ausgenutzt wird.

Die wichtigsten Delikte aus diesem Bereich sind der sexuelle Missbrauch von Kindern gem. § 176 StGB sowie dessen Qualifikation in § 176c StGB. § 176a StGB stellt Missbrauchshandlungen ohne Körperkontakt insbesondere also sog. Cybergrooming unter Strafe. Einen möglichst weitreichenden Schutz von Kindern soll zudem § 176b StGB erreichen, der bereits Vorbereitungshandlungen zu einem sexuellen Missbrauch von Kindern bestraft. Kinder sind dabei Personen unter 14 Jahren. Ab dem Erreichen des 14. Lebensjahres kann § 182 StGB (sexueller Missbrauch von Jugendlichen) eingreifen. Hierbei ist entweder das Ausnutzen einer Zwangslage oder bei einer Täter*in über 18 Jahre die Entgeltlichkeit der sexuellen Handlung (z. B. auch bei teuren Geschenken als Gegenleistung für sexuelle Zuwendung) oder bei Täter*innen über 21 Jahren und Opfern unter 16 Jahren das Ausnutzen der sexuellen Unerfahrenheit erforderlich. Es ist also nicht jede sexuelle Handlung mit einer jugendlichen Person (14–17 Jahre) strafbar, sondern nur wenn eine der genannten besonderen Situationen hinzukommt.

Straftaten bzgl. Pornographie

Jeglicher Umgang mit Kinderpornographie wird von § 184b StGB strafrechtlich sanktioniert, also sowohl das herstellen aber auch das versenden, Einstellen im Internet, das Abrufen und der bloße Besitz. Unter den Begriff der Kinderpornographie fallen nicht nur sämtliche Darstellungen sexueller Handlungen von und an Kindern (Personen unter 14 Jahren), sondern auch bereits die Abbildung von ganz oder teilweise entkleideten Kindern in geschlechtsbezogener Körperhaltung (sog. Posing) oder die sexuell aufreizende Wiedergabe von Geschlechtsteilen oder des Gesäßes eines Kindes. Seit Juli 2021 handelt es sich bei §184b StGB um einen Verbrechenstatbestand mit einer Mindeststrafe von einem Jahr Freiheitsstrafe.

Der Umgang mit vergleichbaren Darstellungen Jugendlicher (14–17 Jahre) wird gem. §184c StGB unter Strafe gestellt.

Weitgehend unbekannt ist, dass gem. §184 StGB selbst bei an sich legaler Pornographie eine Strafbarkeit droht, wenn diese z. B. unaufgefordert zugesendet oder Jugendlichen zugänglich gemacht wird.

Beispiel

Der 15-jährige T und die 13-jährige O sind „zusammen". Bisher kam es zu einem Zungenkuss und T hat von O Nacktfotos gemacht, bei denen sie aufreizend posiert. Der pubertierende T findet es zudem „lustig", Fotos seines erigierten Gliedes an seinen gleichaltrigen Kumpel K zu schicken, obwohl dieser das nicht möchte, sondern „eklig" findet.

Hier steht eine Strafbarkeit von T wegen sexuellen Missbrauchs eines Kindes gem. §176 StGB im Raum. Zudem hat er sich durch das Herstellen der Nacktfotos gem. §184b Abs. 1 Nr. 3 StGB und durch das Versenden der „Dick-Pics" gem. §184 Abs. 1 Nr. 1 und 6 StGB strafbar gemacht.

5.2.7. Betäubungsmitteldelikte

Zentrale Norm im Betäubungsmittelstrafrecht ist §29 BtMG. Dieser stellt nahezu jeglichen Umgang mit illegalen Betäubungsmitteln, also z. B. das Herstellen, Einführen, die Abgabe, das Handel-Treiben und auch den Besitz, unter Strafe. In der Planung ist derzeit allerdings eine teilweise Legalisierung von Marihuana, nach der insbesondere der Besitz straffrei sein soll. Der reine Konsum von Drogen (ohne gleichzeitigen Besitz) ist stets straffrei.

Beispiel

T ist mit seinen Kommiliton*innen feiern. Dabei bietet F ihm an, doch mal Koks zu probieren, und reicht ihm ein Buch, auf dem sie eine Line Koks vorbereitet hat. T nimmt das Buch, zieht das Koks in die Nase und gibt F das Buch zurück.

In diesem Fall hat T noch keine Sachherrschaft über das Rauschgift erlangt und hatte daher keinen Besitz. Der bloße Konsum von Rauschgift ist nicht strafbar.

Was als strafrechtlich relevantes Betäubungsmittel gilt, wird in §1 Abs. 1 BtMG definiert, der wiederum auf die entsprechende Anlage des BtMG verweist. Diese gesetzestechnische Lösung ermöglicht eine kurzfristige Anpassung des Betäubungsmittelrechts, die aufgrund stetig neuartiger Designerdrogen und anderer berauschender Substanzen erforderlich ist.

Deutlich härtere Strafen als § 29 BtMG sehen die Qualifikationen der § 29a bis 30a BtMG vor. § 29a BtMG erfasst die Abgabe an Jugendliche sowie den Umgang mit Betäubungsmitteln in nicht geringer Menge. Die Sanktion ist dann mindestens ein Jahr Freiheitsstrafe. Mit nicht unter zwei Jahren Freiheitsstrafe hat zu rechnen, wer Straftaten des § 29 BtMG bandenmäßig begeht, in Fällen des § 29a BtMG gewerbsmäßig handelt, Betäubungsmittel in nicht geringer Menge nach Deutschland einführt oder durch die Abgabe von Betäubungsmitteln leichtfertig den Tod einer anderen Person verursacht. Noch härtere Sanktionen sieht § 30a StGB vor, nämlich mindestens fünf Jahre Freiheitsstrafe. § 30a BtMG ist z. B. verwirklicht, wenn die Täter*in als Mitglied einer Bande mit Betäubungsmitteln in nicht geringer Menge Handel treibt, als über 21-Jährige*r Jugendliche zum Dealen anstiftet oder bei Einfuhr, Ausfuhr, Sich-Verschaffen oder Handel-Treiben mit nicht geringen Mengen eine Waffe bei sich führt.

Wie schnell der Umgang mit Drogen zu extrem hohen Strafen führen kann, zeigt folgender Beispielsfall:

Beispiel

T erwirbt bei einem Ausflug in die Niederlande legal ein Kilogramm Marihuana, da sie gerne gelegentlich kifft und Sorge hat, bei Dealern in Deutschland gestreckte oder unreine Ware zu erhalten. Sie fährt mit diesem Paket zurück nach Deutschland. Dabei führt sie – wie immer – ein Pfefferspray bei sich, um sich im Notfall verteidigen zu können, da in ihrer Heimatstadt in letzter Zeit mehrfach von sexuellen Übergriffen auf Frauen berichtet wurde, die abends allein unterwegs waren.

Hier droht T eine mindestens fünfjährige Freiheitsstrafe, da sie § 30a BtMG verwirklicht hat. Es handelt sich um die Einfuhr einer nicht geringen Menge an Betäubungsmitteln. Das Pfefferspray erfüllt die Voraussetzungen des § 30a Abs. 2 Nr. 2 BtMG. Dass T dieses lediglich zum Selbstschutz in völlig anderem Kontext dabeihat, spielt für die Verwirklichung der Qualifikation nach herrschender Meinung keine Rolle.

5.3. Strafrechtliche Sanktionen

Hat sich jemand strafbar gemacht, stellt sich die Frage, wie er oder sie dafür bestraft wird. Die einzelnen Tatbestände geben zwar jeweils einen Strafrahmen vor, dieser ist aber sehr weit. Beim Diebstahl reicht er z. B. von einer niedrigen Geldstrafe bis zu fünf Jahren Gefängnis. Was das konkret bedeutet und wie das strafrechtliche Sanktionensystem aufgebaut ist, wollen wir daher im Folgenden betrachten.

5.3.1. Zweigliedrigkeit des Sanktionensystems

Das Gesetzbuch ordnet für schuldhaft begangene Straftaten in der Regel eine Strafe an, z. B. eine Geldstrafe oder eine Freiheitsstrafe. Das ist aber nur eine Form der in Frage kommenden Folgen. Alternativ oder teils parallel gibt es in manchen Fällen die Möglichkeit sog. Maßregeln der Besserung und Sicherung zu verhängen. Diese knüpfen gerade nicht an der Schuldhaftigkeit des Verhaltens an, sondern sollen unabhängig von der individuellen Vorwerfbarkeit präventiv vor Gefahren durch die Straftäter*in schützen. Man spricht von der sog. Zweigliedrigkeit des Sanktionensystems. Solche Maßregeln der Besserung und Sicherung kommen z. B. bei schuldunfähigen Täter*innen in Betracht. Es handelt sich um Maßnahmen wie die Einweisung in ein Psychiatrisches Krankenhaus gem. § 63 StGB, die Sicherungsverwahrung gem. § 66 StGB oder die Entziehung der Fahrerlaubnis gem. § 69 StGB.

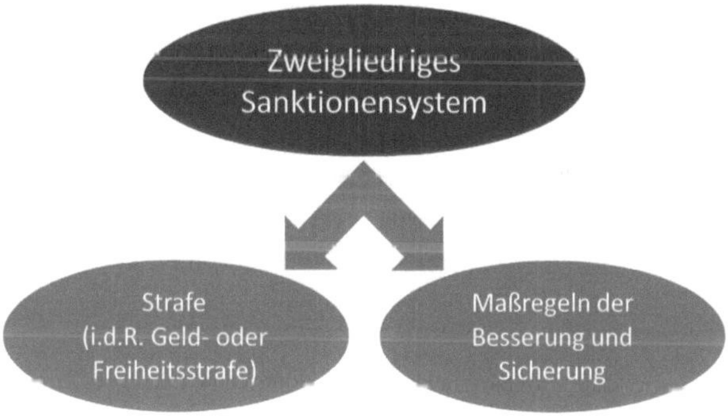

5.3.2. Freiheitstrafe

Eine der beiden üblichen Strafformen ist die Freiheitsstrafe, also der Freiheitsentzug in einer Justizvollzugsanstalt. Theoretisch kann sie je nach Delikt von einem Monat bis zu 15 Jahren betragen oder bei bestimmten Tötungsdelikten, insbesondere Mord auch lebenslang angeordnet werden.

Sehr kurze Freiheitsstrafen, insbesondere solche unter sechs Monaten sollen jedoch vermieden werden (§ 47 StGB). Hier wird stattdessen in der Regel eine Geldstrafe verhängt.

5.3.3. Aussetzung einer Freiheitsstrafe zur Bewährung

Freiheitsstrafen bis zu zwei Jahren können zur Bewährung ausgesetzt werden. Das heißt, dass der Verurteilte zwar grundsätzlich eine Freiheitsstrafe erhält, aber diese nicht verbüßen muss – sprich: nicht ins Gefängnis muss –, wenn er sich über eine gewisse Zeit bewährt. Der Verurteilte darf keine neuen Straftaten begehen und muss sich gegebenenfalls an Auflagen halten, damit er von einer tatsächlichen Haft verschont bleibt.

Voraussetzung für eine solche Aussetzung der Strafe zur Bewährung ist bei einer Freiheitsstrafe unter sechs Monaten eine positive Legalprognose. Das Gericht muss davon ausgehen, dass der Verurteilte in Zukunft keine Straftaten mehr begehen wird. Bei Strafen ab sechs Monaten kommt es zusätzlich darauf an, ob die Verteidigung der Rechtsordnung eine Vollstreckung der Strafe gebietet. Eine Bewährungsstrafe ist dann nur möglich, wenn kein gesteigertes öffentliches generalpräventives Interesse an einem Vollzug der Strafe gegeben ist. In der Praxis wird nur selten eine Bewährung mit dieser Begründung versagt. Höher sind die Anforderungen bei Freiheitsstrafen über einem Jahr. Hier müssen zusätzlich besondere Umstände vorliegen, die eine Bewährung rechtfertigen. Dies kann z. B. das besondere Bemühen des Täters um eine Wiedergutmachung sein. Bei Freiheitsstrafen bis zu zwei Jahren ist die Bewährung in der Praxis eher die Regel als die Ausnahme. Bei Freiheitsstrafen über zwei Jahren ist eine Aussetzung zur Bewährung vollständig ausgeschlossen. Gerade bei Delikten mit hohen Mindeststrafen kann dies in Einzelfällen zu Ergebnissen führen, die dem Strafzweck der Resozialisierung widersprechen.

Aussetzung der Freiheitsstrafe zur Bewährung

	Voraussetzung:
Freiheitsstrafe bis 6 Monate	➢ positive Legalprognose
Freiheitsstrafe 6 Monate bis 1 Jahr	➢ positive Legalprognose ➢ Verteidigung d. Rechtsordnung gebietet Vollstreckung nicht
Freiheitsstrafe 6 Monate bis 1 Jahr	➢ positive Legalprognose ➢ Verteidigung d. Rechtsordnung gebietet Vollstreckung nicht ➢ besondere Umstände

Freiheitsstrafe über 2 Jahre: keine Bewährung möglich

Bei Aussetzung einer Freiheitsstrafe zur Bewährung erlässt das Gericht auch einen Bewährungsbeschluss. In diesem ist vor allem geregelt, wie lange die Bewährungszeit dauert. Möglich ist eine Dauer von zwei bis zu fünf Jahren (§ 56a StGB). Der Regelfall sind drei Jahre. Zudem werden im Bewährungsbeschluss bei Bedarf Bewährungsauflagen geregelt, an die sich der Verurteilte halten muss. Dies kann z. B. eine Geldauflage, aber auch das Verbot bestimmter Verhaltensweisen (z. B. sich dem Opfer zu nähern) sein. Die verurteilte Person kann zudem einer Bewährungshelfer*in unterstellt werden.

5.3.4. Geldstrafe

Die häufigste Sanktionsform ist die Geldstrafe. Ihr wird teils nachgesagt, sie begünstige reiche, die sich „freikaufen" könnten. Um dem entgegenzuwirken, gilt für die Geldstrafe das sog. Tagessatzsystem. Als Maß der Schuld wird vom Gericht eine bestimmte Anzahl an Tagessätzen bestimmt (1–360 Tagessätze, bei sog. Gesamtstrafen bis zu 720 Tagessätze). Die Höhe der Tagessätze hängt dann von den wirtschaftlichen Verhältnissen der verurteilten Person ab. Ein Tagessatz entspricht etwa einem Dreißigstel des monatlichen Nettoeinkommens. Bei Unklarheiten darf das Gericht den Betrag schätzen. Möglich sind Tagessätze zwischen einem und 30.000 Euro. Wird also z. B. ein Hausmann, der im Monat ca. 1.500 Euro netto Unterhalt von seiner Frau erhält zu 120 Tagessätzen verurteilt, ergäbe sich ein Tagessatz von 50 Euro (1.500 : 30) und eine Strafe in Höhe von 6.000 Euro (50 x 120). Würde stattdessen eine Managerin, die monatlich 6.000 Euro netto verdient, ebenfalls zu 120 Tagessätzen verurteilt, ergäbe sich eine Strafe in Höhe von 24.000 Euro. Sie sehen also: Man kann von der Höhe einer Geldstrafe nicht ohne Weiteres Rückschlüsse auf die Schwere der Tat ziehen. Grund für eine sehr hohe Geldstrafe kann auch einfach sein, dass die betroffene Person eben sehr viel verdient.

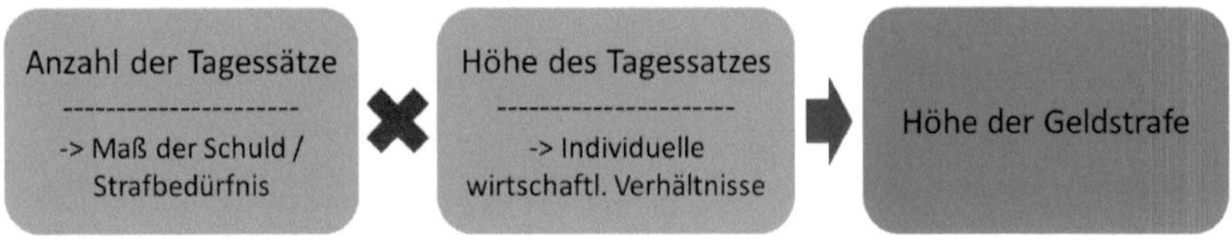

5.3.5. Nebenstrafen

Nebenstrafen werden – wie der Name schon sagt – neben einer anderen Strafe (also einer Freiheits- oder Geldstrafe) verhängt. Das Strafgesetz kennt hier bislang nur das Fahrverbot gem. § 44 StGB. Fahrverbote werden in der Regel bei Straftaten verhängt, die im Zusammenhang mit dem Straßenverkehr stehen, z. B. bei Unerlaubtem Entfernen vom Unfallort gem. § 142 StGB.

5.3.6. Maßregeln der Besserung und Sicherung

Wie oben bereits erwähnt existiert neben den eigentlichen Strafen noch eine zweite Sanktionsspur der sog. Maßregeln der Besserung und Sicherung. Die wohl häufigste Maßregel ist die Entziehung der Fahrerlaubnis gem. § 69 StGB einschließlich einer Sperrfrist für die Wiedererteilung gem. § 69a StGB. Diese Maßregel wird in der Regel neben etwas schwerwiegenderen Verkehrsdelikten wie z. B. der Gefährdung des Straßenverkehrs (§ 315c StGB) oder der Trunkenheit im Verkehr (§ 316 StGB) verhängt.

Deutlich weitreichendere Maßregeln sind die Unterbringung in einer Entziehungsanstalt (§ 64 StGB) oder in einem psychiatrischen Krankenhaus (§ 63 StGB) und vor allem die Sicherungsverwahrung (§ 66 StGB). Alle drei Maßregeln sind mit einem Freiheitsentzug verbunden. Die Unterbringung in einer Entziehungsanstalt soll der Therapie bei Abhängigkeit von stoffgebundenen Süchten dienen. Der therapeutische Anspruch steht hier im Vordergrund. Bei der Unterbringung in einem psychiatrischen Krankenhaus soll zwar auch eine Therapie erfolgen, im Vordergrund steht aber der Sicherheitsaspekt. Sie kommt bei Täter*innen in Betracht, die aufgrund einer psychischen Erkrankung bei der Anlasstat schuldunfähig (§ 20 StGB) oder vermindert schuldfähig (§ 21 StGB) waren. Die Sicherungsverwahrung soll dazu dienen, die Allgemeinheit vor sehr gefährlichen Straftäter*innen zu schützen, auch nachdem sie ihre Strafe „abgesessen" haben. Die Voraussetzungen für eine solche Maßregel sind zu Recht sehr streng, unter anderem muss die Gesamtwürdigung der Täter*in und ihrer Taten ergeben, dass er/sie infolge eines Hanges zu erheblichen Straftaten für die Allgemeinheit gefährlich ist.

5.4. Der Strafprozess

Nachdem wir uns nun mit den Grundlagen des Strafrechts, einigen Straftatbeständen sowie der Strafzumessung beschäftigt haben, ist es an der Zeit das Strafprozessrecht unter die Lupe zu nehmen. Hier geht es um die Frage, wie jemand überhaupt verurteilt werden kann bzw. wird. Hierfür ist ein streng formalisiertes Verfahren einzuhalten, das sicherstellen soll, dass die Rechte der Beteiligten, insbesondere die Rechte der beschuldigten Person und die Interessen etwaiger Opfer gewahrt bleiben. Nur wenn das der Fall ist, kann in einem Rechtsstaat auch eine legitime Verurteilung erfolgen.

Natürlich ist es für Sie als zukünftige Sozialarbeiter*innen oder in vergleichbaren sozialen Berufen Tätige nicht erforderlich, jedes Detail eines Strafprozesses nachvollziehen zu können. Es ist aber z. B. bei der Beratung zukünftiger Klient*innen durchaus wichtig, die Grundprinzipien des Strafprozessrechts und den grundlegenden Ablauf eines Strafverfahrens zu kennen.

5.4.1. Grundsätze des Strafverfahrens

Eine Reihe von Verfahrensgrundsätzen prägen den gesamten Strafprozess und sollen daher vorab angesprochen werden. Diese Grundsätze des Strafverfahrens sorgen für einen rechtstaatlichen Prozess.

Offizial-, Legalitäts- und Akkusationsprinzip

Ob und wie ein Strafverfahren geführt wird, ist nicht den Parteien, also der beschuldigten Person und einem bzw. einer Verletzten, überlassen. Es besteht grundsätzlich die Plicht der Ermittlungsbehörden, strafbares Verhalten zu verfolgen. Dieser Grundsatz heißt Legalitätsprinzip. Auch die Einleitung und Durchführung eines Strafverfahrens erfolgt von Amts wegen (lat. ex officio). Man spricht vom Offizialprinzip. Für die Anklage einer Straftat vor Gericht ist die Staatsanwaltschaft als unabhängige staatliche Behörde zuständig (Akkusationsprinzip). Den Gegensatz zum Legal-, Offizial- und Akkusationsprinzip findet man in Deutschland z. B. im Zivilrecht. Hier wird die Justiz nur tätig, wenn eine Klage eingereicht wird und was Inhalt des Verfahrens ist, bestimmen allein die Parteien des Zivilprozesses. Man spricht hier von der sogenannten Dispositionsmaxime.

Allerdings gibt es auch im Strafverfahren ab und zu Ausnahmen vom Legalitäts- und Offizialprinzip. Zum Beispiel werden absolute Antragsdelikte nur auf einen Strafantrag hin verfolgt und es gibt seitens der Justiz die Möglichkeit, bei geringer, teils bis hin zu mittlerer Kriminalität aus Opportunitätsgründen auf eine vollständige Klärung zu verzichten und Verfahren z. B. gegen Auflagen einzustellen (vgl. §§ 153 ff. StPO).

Zweifelsgrundsatz

Wenn man von Verfahrensgrundsätzen zum Schutz der/des Beschuldigten spricht, fällt vermutlich jedem sofort der Satz „im Zweifel für den/die Angeklagte*n" (bzw. lat. „in dubio pro reo") ein. Tatsächlich ist dies eine der entscheidenden Grundlagen eines rechtsstaatlichen Verfahrens. Wenn der Staat im Interesse der Allgemeinheit seinen Strafanspruch durchsetzen möchte, muss er dem/der Beschuldigten dessen/deren Fehlverhalten auch nachweisen können. Lässt sich am Ende nicht aufklären, was geschehen ist, ist – im Zweifel – zu Gunsten des/der Beschuldigten zu entscheiden. Der Grundsatz umfasst aber nur Zweifel, die das tatsächliche Geschehen betreffen. Rechtliche Bewertungen hat das Gericht unabhängig vom Zweifelsgrundsatz zu treffen.

Selbstbelastungsfreiheit

Die Selbstbelastungsfreiheit ist ebenfalls ein wichtiger Grundsatz des Strafverfahrens. Er besagt, dass niemand gezwungen werden kann an seiner eigenen Überführung mitzuwirken. Deshalb kann ein/e Beschuldigte*r z. B. nicht gezwungen werden gegenüber den Ermittlungsbehörden eine Aussage zu machen. Er / Sie muss sogar ausdrücklich darüber belehrt werden, § 136 StPO. Wird dieses Recht des/der Beschuldigten übergangen, kann dies dazu führen, dass seine/ihre Angaben im Prozess nicht verwertet werden dürfen.

Rechtliches Gehör

Dem allgemeinen Grundsatz immer auch die andere Seite zu hören trägt das Recht auf rechtliches Gehör im Strafprozess Rechnung. Der beschuldigten Person muss die Möglichkeit gegeben werden, sich zur Sache zu äußern und sich zu verteidigen. Sie kann aber nicht dazu gezwungen werden (vgl. Selbstbelastungsfreiheit, s. o.). Ausfluss des rechtlichen Gehörs ist unter anderem das sog. letzte Wort der angeklagten Person in der Hauptverhandlung.

Fair-trial-Prinzip

Ein sehr allgemeines Grundprinzip des Strafverfahrens ist der Grundsatz des fairen Verfahrens. Es soll sichergestellt werden, dass ein Strafverfahren fair und nach rechtsstaatlichen Grundsätzen abläuft. Ausdrücklich normiert ist dieser Grundsatz in Art. 6 Abs. 1 der Europäischen Menschenrechtskonvention (EMRK).

Weitere Prinzipien des Strafprozessrechts

Weitere Prozessgrundsätze betreffen insbesondere das Verfahren vor Gericht. So existiert das Recht auf die gesetzliche Richter*in, Art. 101 GG. Die Anklagebehörde kann sich also nicht aussuchen, welche Richter*in die Sache verhandeln und entscheiden soll, sondern es muss bereits vorab festgelegt werden, welche Richter*in zuständig ist, um staatliche Willkür zu verhindern.

Der Öffentlichkeitsgrundsatz bestimmt, dass Strafverfahren grundsätzlich der Öffentlichkeit zugänglich sind. Hierdurch soll eine Geheimjustiz „hinter verschlossenen Türen" verhindert werden. Ausnahmen existieren vor allem in jugendstrafrechtlichen Verfahren. Auch zum Schutz von Prozessbeteiligten, insbesondere Opfern einer Straftat, ist ein partieller Ausschluss der Öffentlichkeit möglich.

Der umfassenden Sachverhaltsaufklärung im Verfahren vor Gericht dienen der Unmittelbarkeits- und der Mündlichkeitsgrundsatz. Der Grundsatz der Unmittelbarkeit besagt, dass die Beweiserhebung unmittelbar in der Hauptverhandlung erfolgen muss und insbesondere Zeugenaussagen i. d. R. nicht durch Verlesung von Protokollen ersetzt werden dürfen. Dass der Prozessstoff vollständig mündlich in der Hauptverhandlung erörtert werden muss, wird durch das Mündlichkeitsprinzip festgelegt. Es kann also vor Gericht im Strafverfahren nicht einfach ohne weitere Erörterung auf die Akte und auf Schriftsätze Bezug genommen werden.

5.4.2. Verfahrensbeteiligte

Wichtigste Person und damit auch Beteiligte/r eines Strafverfahrens ist natürlich der/die Beschuldigte. Dessen/deren Bezeichnung ändert sich in den verschiedenen Verfahrensstadien (s. u.). Im Ermittlungsverfahren spricht man stets von dem/der Beschuldigten, nach Anklageerhebung von der/dem Angeklagten.

Der/die Beschuldigte darf sich jederzeit einer Verteidiger*in bedienen. Diese/r ist eigene/r Verfahrensbeteiligte/r und hat somit eigene Rechte, kann also z. B. selbstständig Rechtsmittel einlegen.

Als Anklagebehörde ist die Staatsanwaltschaft beteiligt. Gibt es Verletzte einer Straftat können diese sich als sog. Nebenkläger*innen dem Verfahren anschließen und sind dann nicht nur Zeug*innen, sondern haben eine eigene Stellung mit eigenen Rechten. Nebenkläger*innen können sich wiederum durch einen Rechtsbeistand vertreten lassen. Zeug*innen und Sachverständige sind dagegen in erster Linie personale Beweismittel. Auch Zeug*innen können allerdings einen Rechtsbeistand hinzuziehen.

Schließlich darf das Gericht als Spruchkörper nicht vergessen werden. Je nach Instanz und Instanzenzug setzt sich das Gericht aus einem bis zu drei Berufsrichter*innen und teils zusätzlich zwei Schöff*innen zusammen. Dem/der Vorsitzenden kommt dabei die Sitzungsleitung zu.

5.4.3. Ermittlungsverfahren

Wie oben schon angedeutet gliedert sich das Strafverfahren in mehrere Abschnitte. Hier lässt sich zunächst das Erkenntnisverfahren und das Vollstreckungsverfahren unterscheiden. Wie der Name schon sagt, dient das Erkenntnisverfahren dazu, eine Straftat aufzuklären und zu entscheiden ob und wie eine Täter*in zu bestrafen ist. Das Vollstreckungsverfahren dient – auch hier lässt es der Name schon vermuten – der Vollstreckung der im Erkenntnisverfahren festgesetzten Strafe.

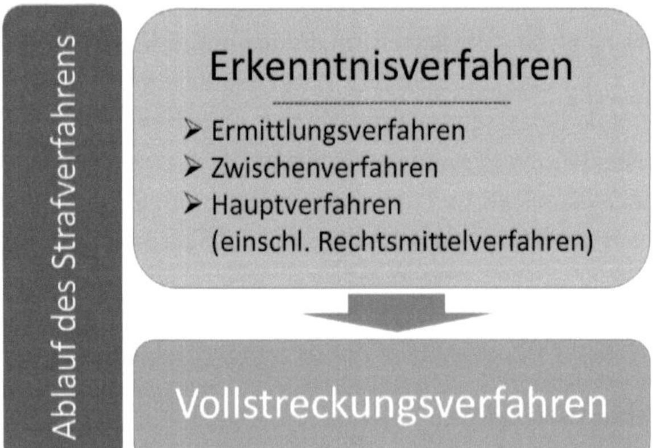

Der erste Abschnitt des Erkenntnisverfahrens ist das Ermittlungsverfahren. Hier ermittelt die Staatsanwaltschaft mit Hilfe der Polizei (oder in Spezialfällen der Steuerfahndung bzw. des Zolls) den Sachverhalt. Die Staatsanwaltschaft ist Herrin des Ermittlungsverfahrens, auch wenn einige Entscheidungen wie z. B. die Anordnung von Untersuchungshaft durch eine Richter*in getroffen werden müssen (sog. Richtervorbehalt).

Beginn eines Strafverfahrens

Das Ermittlungsverfahren beginnt mit dem Anfangsverdacht einer Straftat gegen eine mögliche Täter*in. In der Regel machen die Ermittlungsbehörden dies auch nach außen kenntlich indem z. B. eine Person als Beschuldigte*r belehrt wird, Maßnahmen durchgeführt werden, die nur gegen Beschuldigte zulässig sind oder indem eine Akte zu einer bestimmten Tat und eine/m bestimmte/n Beschuldigte*n angelegt wird. Häufig steht auch eine Strafanzeige am Beginn eines Ermittlungsverfahrens. Es werden aber nicht nur Straftaten verfolgt, die von Bürger*innen angezeigt werden, sondern die Polizei (teils auch die Steuerbehörden und der Zoll) ermittelt von sich aus Straftaten. Insbesondere bei Delikten, bei denen es keine oder nur selten unmittelbare Verletzte gibt (z. B. Drogendelikte), gäbe es sonst keine oder kaum Strafverfolgung.

Durchführung des Ermittlungsverfahrens

Wie bereits ausgeführt wird das Ermittlungsverfahren durch die Staatsanwaltschaft betrieben. Sie wird dabei unterstützt durch die Polizei. In der Praxis ermittelt häufig die Polizei zunächst weitgehend selbstständig und liefert der Staatsanwaltschaft nach Abschluss der Ermittlungen ein Ermittlungsergebnis. Die Staatsanwaltschaft muss dann oft nur noch im Rahmen einer sog. Abschlussverfügung entscheiden, ob das Verfahren eingestellt oder Anklage erhoben wird. In komplexen Verfahren arbeiten Staatsanwaltschaft und Polizei dagegen Hand in Hand. Im Ermittlungsverfahren werden z. B. Zeugen vernommen, andere Beweismittel, etwa Datenträger, gesichert und ausgewertet und bei Bedarf auch schon Sachverständigengutachten eingeholt (z. B. zur Alkoholisierung oder zum Hergang eines Unfallgeschehens). Bestimmte Ermittlungsschritte, insbesondere grundrechtsintensive Zwangsmaßnahmen wie Durchsuchungen oder Untersuchungshaft bedürfen einer Entscheidung durch die zuständige Ermittlungsrichter*in.

Ein wichtiger Bestandteil des Ermittlungsverfahrens ist die Gewährung rechtlichen Gehörs, damit die beschuldigte Person zu den gegen sie erhobenen Vorwürfen Stellung nehmen kann. In der Regel erfolgt dies durch einen von der Polizei versendeten Anhörungsbogen oder eine Vorladung. Der/die Beschuldigte muss einer solchen Vorladung aber nicht nachkommen bzw. einen Anhörungsbogen nicht beantworten.

Zwangsmittel

Die Strafprozessordnung enthält eine ganze Reihe von möglichen Maßnahmen, die der Sicherung des Verfahrens und der Aufklärung des Sachverhalts dienen und dabei mit Eingriffen in Rechte der beschuldigten oder anderer Personen verbunden sind.

Am bekanntesten ist sicher die Untersuchungshaft (§§ 112 ff. StPO). Am Ende nahezu jedes Kriminalfilms wird die Täter*in verhaftet. In der Realität gibt es jedoch keinen Automatismus, nach dem eine Person, die aus Sicht der Polizei einer Straftat überführt wurde, gleich eingesperrt wird. Voraussetzung ist nicht nur ein sog. dringender Tatverdacht, also eine hohe Wahrscheinlichkeit, dass die beschuldigte Person eine Straftat begangen hat, sondern es muss darüber hinaus ein Haftgrund vorliegen. Haftgründe sind insbesondere Flucht bzw. Fluchtgefahr und Verdunkelungsgefahr (wenn z. B. die Gefahr besteht, dass Zeugen beeinflusst werden). Über die Anordnung der Untersuchungshaft entscheidet die Ermittlungsrichter*in.

Keine Seltenheit sind Durchsuchungen meistens von Wohnungen oder von Geschäftsräumen. Sie können zum Auffinden von Beweismitteln oder dem Aufgreifen einer beschuldigten Person dienen. Durchsuchungen können bei dem/der Beschuldigten selbst (§ 102 StPO) oder auch bei Dritten (§ 103 StPO) erfolgen. Außer in Eilfällen (Gefahr im Verzug) ist auch für eine Durchsuchung ein richterlicher Beschluss erforderlich.

Beweismittel dürfen zur Sicherung des Verfahrens sichergestellt bzw. beschlagnahmt werden. Sie werden also in amtliche Verwahrung genommen, um sicherzustellen, dass sie für weitere Ermittlungen zur Verfügung stehen.

Weitere typische Zwangsmaßnahmen sind körperliche Untersuchungen (z. B. auch Entnahme einer Blutprobe zur Feststellung des Blutalkoholpegels), erkennungsdienstliche Erfassung, die Entnahme einer DNA-Probe und DNA-Analyse, aber auch Telekommunikationsüberwachungen oder der Einsatz verdeckter Ermittler. Bei all diesen Maßnahmen handelt es sich um Grundrechtseingriffe. Daher ist stets die Verhältnismäßigkeit zu prüfen, also ob das Interesse an der Strafverfolgung und die Bedeutung des jeweiligen Beweismittels den Eingriff in die Grundrechte der betroffenen Person überwiegen.

Abschluss des Ermittlungsverfahrens

Am Ende eines Ermittlungsverfahrens steht die sog. Abschlussverfügung der Staatsanwaltschaft. Diese erhebt entweder Anklage, beantragt einen Strafbefehl oder stellt das Verfahren ein.

Eine Anklage bedeutet, dass die Staatsanwaltschaft eine überwiegende Verurteilungswahrscheinlichkeit sieht, § 170 Abs. 1 StPO. Man spricht dann von einem hinreichenden Tatverdacht. Ist dies nicht der Fall, wird das Verfahren gem. § 170 Abs. 2 StPO eingestellt.

Der Erlass eines Strafbefehls bzw. das Strafbefehlsverfahren dient bei leichter bis mittlerer Kriminalität vor allem der Prozessökonomie. Hier wird dem/der Beschuldigten per Post der Strafbefehl zugestellt, der – wenn er nicht angefochten wird – einem Urteil gleichsteht. Nur wenn die beschuldigte Person Einspruch einlegt kommt es zu einer Gerichtsverhandlung, in der der Strafbefehl dann die

Rolle der Anklageschrift einnimmt. Wichtig ist vor allem die Einspruchsfrist zu beachten. Diese beträgt zwei Wochen. Danach ist der Strafbefehl rechtskräftig und kann nicht mehr angefochten bzw. korrigiert werden.

Neben der Einstellung nach § 170 Abs. 2 StPO gibt es auch noch Einstellungen aus Opportunitätsgründen. Diese Einstellungsmöglichkeiten finden sich in den §§ 153 ff. StPO. Es handelt sich hier um Fälle in denen die Schuld der Täter*in und das öffentliche Interesse an der Strafverfolgung so gering sind, dass eine Weiterführung des Verfahrens nicht erforderlich ist, obschon der Tatverdacht nicht ausgeräumt ist. Besonders häufig sind Einstellungen nach § 153a StPO. Hier wird dem/der Beschuldigten eine Verfahrenseinstellung bei Leistung einer Auflage (meist eine Geldauflage an die Staatskasse oder gemeinnützige Einrichtung) ermöglicht. Wenn der/die Beschuldigte zustimmt und die Auflage erfüllt, wird das Verfahren endgültig eingestellt.

Sollten Sie später mit Klient*innen arbeiten, die häufiger straffällig werden, werden Sie vielleicht etwas verwundert feststellen, dass einige Strafverfahren gegen diese Klient*innen scheinbar ohne jede Sanktion nicht weiterverfolgt werden. Der Grund hierfür ist, dass seitens der Justiz die Möglichkeit besteht, auf die Verfolgung von Straftaten zu verzichten, wenn diese neben anderen Verurteilungen nicht mehr ins Gewicht fallen.

Beispiel

T ist des versuchten Mordes und der gefährlichen Körperverletzung schuldig. Sie hat auf O geschossen, ihn aber nur verletzt. Dabei hat auch O's teurer Armani-Smoking durch die Schüsse zwei Löcher abbekommen. Am Tag nach der Tat hat T Kokain erworben, um im Rausch ihre missliche Lage zu verdrängen.

In diesem Fall ist es in Anbetracht der Strafdrohung bei versuchtem Mord und gefährlicher Körperverletzung nicht nötig, die mitbegangene Sachbeschädigung am Smoking oder den BtM-Verstoß weiterzuverfolgen. Hinsichtlich der Sachbeschädigung kann die Verfolgung nach § 154a StPO beschränkt und der Verstoß gegen § 29 BtMG kann nach § 154 StPO eingestellt werden.

5.4.4. Die Hauptverhandlung

Hat die Staatsanwaltschaft Anklage erhoben und das Gericht diese zugelassen oder wurde nach Erlass eines Strafbefehls gegen diesen Einspruch eingelegt, kommt es zum Hauptverfahren, also einer Verhandlung vor Gericht. Hier wird in zumeist öffentlicher und mündlicher Verhandlung durch das Gericht geprüft und entschieden, ob eine Straftat bewiesen werden kann und wie sie zu bestrafen ist.

Gerichtszuständigkeiten in erster Instanz

Wie in jedem behördlichen Verfahren stellt sich zunächst die Frage, welches Gericht (Amtsgericht, Landgericht oder Oberlandesgericht) sachlich und örtlich zuständig ist. Straftaten werden in aller Regel an dem Ort verhandelt, an dem sie begangen wurden. Man spricht vom Tatortprinzip. Ausnahmen von dieser Regel gibt es vor allem bei Strafverfahren gegen Jugendliche und Heranwachsende, für die das Gericht an deren Wohnort zuständig ist. Der Grund dafür ist, dass im Jugendstrafrecht der Erziehungsgedanke im Vordergrund steht.

Schwere Straftaten, bei denen im konkreten Fall eine Strafe von über vier Jahren Freiheitsstrafe in Betracht kommt, werden in erster Instanz vor dem Landgericht verhandelt. Verhandelt wird dann meist vor einer großen Strafkammer, die aus drei Berufsrichter*innen und zwei Laienrichter*innen, sog. „Schöff*innen", besteht.

Wird die Strafe voraussichtlich niedriger ausfallen, ist das Amtsgericht zuständig. Hier ist dann zu unterscheiden zwischen Verfahren vor der Strafrichter*in als Einzelrichter*in (erwartete Strafe bis zu zwei Jahre Freiheitsstrafe) oder bei schwerwiegenderen Fällen Verfahren vor dem Schöffengericht (eine Berufsrichter*in und zwei Schöff*innen).

Ablauf der Hauptverhandlung

Die Hauptverhandlung, die in einfachen Fällen nur wenige Stunden dauert, sich bei umfangreicheren Verfahren aber durchaus über mehrere Verhandlungstage erstrecken kann, gliedert sich grob in die folgenden Abschnitte: Verlesung der Anklage, Einlassung des/r Angeklagten, Beweisaufnahme, Schlussvorträge (Plädoyers), letztes Wort des/r Angeklagten und schließlich Urteilsverkündung. Der wichtigste und meist längste Teil ist natürlich die Beweisaufnahme. Diese richtet sich nach dem sog. Strengbeweisverfahren. Das bedeutet, dass grundsätzlich nur bestimmte Arten von Beweismitteln (Zeugenbeweis, Urkundsbeweis, Augenscheinbeweis und Sachverständigenbeweis) zulässig sind, die auch nach festgelegten Regeln erhoben werden (z. B. müssen Urkunden verlesen werden). In den Plädoyers nimmt zunächst die Staatsanwaltschaft zum Ergebnis der Hauptverhandlung Stellung und beantragt eine bestimmte Verurteilung oder auch einen Freispruch. Im Anschluss erhalten – sofern vorhanden – Vertreter von Nebenkläger*innen das Wort. Schließlich kann die Verteidiger*in Stellung beziehen und ebenfalls einen konkreten Antrag stellen. Besondere Bedeutung hat das letzte Wort des/r Angeklagten. Es ist Ausfluss des Anspruchs auf rechtliches Gehör und soll dem/r Angeklagten die Möglichkeit geben als letzte Person Einfluss auf die Entscheidung des Gerichts zu nehmen. Die Urteilsverkündung erfolgt in aller Regel direkt im Anschluss an die Plädoyers ggf. nach einer Beratungspause. Nur in seltenen Fällen wird dazu extra ein Verkündungstermin angesetzt.

In der Praxis ist es keine Seltenheit, dass Verhandlungen durch sog. Deal-Gespräche unterbrochen werden. Hier ziehen sich in der Regel die beteiligten Jurist*innen und das Gericht zurück und versuchen zunächst nichtöffentlich eine sog. Verständigung – gemeinhin als Deal bezeichnet – zu erreichen. Eine solche Verständigung besteht oft darin, dass eine niedrigere Strafe im Gegenzug für ein vollständiges Geständnis angeboten wird. Verständigungen in Strafverfahren sind seit langem sehr umstritten, da immer eine gewisse Gefahr besteht, dass Druck auf die angeklagte Person ausgeübt wird, ein Geständnis abzulegen.

5.4.5. Rechtsmittel und Rechtsbehelfe im Strafrecht

Ein erstinstanzliches Urteil in einem Strafverfahren kann noch in mindestens einer weiteren Instanz überprüft werden. Das geschieht aber nicht automatisch, sondern der/die Angeklagte muss dafür ein Rechtsmittel einlegen. Hier ist es wichtig die vorgegebenen Fristen einzuhalten. Gerade wenn Sie später Klient*innen mit laufenden Strafverfahren betreuen, kann es hilfreich sein, diese an solche Fristen zu erinnern. Ist eine Rechtsmittelfrist nämlich abgelaufen, wird das Urteil rechtskräftig. Eine Anfechtung ist dann nur noch in Ausnahmefällen möglich.

Welche Rechtsmittel gibt es nun im Strafrecht? Den meisten dürfte der Begriff „Berufung" bekannt sein. Das Rechtsmittel der Berufung gibt es aber nur bei erstinstanzlichen Urteilen des Amtsgerichts. Über die Berufung entscheidet die kleine Strafkammer beim Landgericht (eine Berufsrichter*in und zwei Schöff*innen). Im Rahmen einer Berufung kann faktisch der komplette Prozess einschließlich Beweisaufnahme wiederholt werden. Das kann mitunter für Zeug*innen sehr belastend sein, weil sie ihre Aussage oft dreimal wiederholen müssen: erst bei der Polizei im Rahmen des Ermittlungsverfahrens, dann in erster Instanz vor dem Amtsgericht und schließlich ein drittes Mal vor dem Landgericht im Berufungsprozess.

Gegen ein Urteil des Berufungsgerichts ist dann noch ein weiteres Rechtsmittel, nämlich die Revision zum Oberlandesgericht (in Bayern zum Bayerischen Obersten Landesgericht, in Berlin zum Kammergericht) möglich. Bei der Revision handelt es sich um eine rein rechtliche Prüfung. Es werden keine Beweise mehr erhoben und es findet nur in sehr seltenen Fällen eine mündliche Verhandlung statt. Es wird lediglich überprüft, ob es im Prozess beim Landgericht rechtliche Fehler gab. Gegen erstinstanzliche Urteile des Landgerichts gibt es keine Berufung, sondern nur die Revision, in diesem Fall aber zum Bundesgerichtshof in Karlsruhe. Sowohl Berufung als auch Revision müssen jeweils innerhalb einer Woche nach Urteilsverkündung eingelegt werden.

Nicht nur Urteile, sondern auch andere Entscheidungen im Strafverfahren können überprüft werden. So können Zwangsmaßnahmen, die nicht durch eine Richter*in angeordnet wurden, einer erstmaligen gerichtlichen Überprüfung zugeführt werden. Aber auch gerichtliche Entscheidungen können meist nochmals vor einem höheren Gericht angegriffen werden. Der diesbezügliche Rechtsbehelf ist die Beschwerde (§ 304 StPO), in bestimmten Fällen die sofortige Beschwerde (§ 311 StPO). Auch bei einer sofortigen Beschwerde gilt eine einwöchige Frist. Einer der relevantesten Fälle ist die Entscheidung über einen Widerruf einer Aussetzung der Freiheitsstrafe zur Bewährung. Wird eine solche für den/die Betroffene*n sehr weitreichende Entscheidung nicht in dieser Frist mit der sofortigen Beschwerde angefochten, ist der Beschluss rechtskräftig und eine Verbüßung der Haft lässt sich kaum noch verhindern.

5.4.6. Opferschutz im Strafverfahren

Opfer von Straftaten rücken sowohl in der Gesetzgebung als auch in der strafrechtlichen Praxis zunehmend in den Fokus. Während Verletzte früher faktisch lediglich als Zeug*in und somit Beweismittel dienten, wird Ihren Interessen und vor allem dem Schutz vor zusätzlichen Belastungen durch das Strafverfahren (Stichwort Sekundärviktimisierung) zunehmend Rechnung getragen. Im Folgenden sollen die wichtigsten Instrumente zum Schutz von Verletzten im Strafverfahren überblicksartig dargestellt werden. Für Sozialarbeiter*innen hat dieser Bereich des Strafverfahrens häufig eine besonders große Bedeutung.

Zeugenbeistand

Zeug*innen haben die Möglichkeit, sich eines anwaltlichen Beistandes zu bedienen, § 68b StPO. Dieser kann sie z. B. bei Vernehmungen begleiten. Von Bedeutung ist dies insbesondere, wenn Zeugnis- oder Auskunftsverweigerungsrechte im Raum stehen. Hier kann die Anwält*in die Zeug*in juristisch beraten. In bestimmten Fällen kann einer Zeug*in auch auf Staatskosten ein Rechtsbeistand beigeordnet werden.

Psychosoziale Prozessbegleitung

Das Institut der psychosozialen Prozessbegleitung ist vergleichsweise neu und trägt dem Umstand Rechnung, dass eine anwaltliche Unterstützung von Opferzeug*innen zwar eine umfassende juristische Beratung ermöglicht, viele Zeug*innen aber gerade eine psychosoziale Hilfe benötigen, um die mit einem

Strafprozess einhergehenden Belastungen besser zu überstehen. Normiert ist die psychosoziale Prozessbegleitung in §406g StPO. Psychosozialen Prozessbegleiter*innen ist es unter anderem gestattet, bei Vernehmungen einer verletzten Person anwesend zu sein und diese in der Hauptverhandlung zu begleiten.

Richterliche (Video-)Vernehmungen

Die Vernehmung in (öffentlicher) Hauptverhandlung stellt für Verletzte häufig eine besonders große Belastung dar. Eine Lösung bietet hier die nichtöffentliche richterliche Vernehmung im Ermittlungsverfahren, die audiovisuell aufgezeichnet wird. Diese Aufzeichnung kann dann in der Hauptverhandlung abgespielt werden und im Idealfall eine erneute Vernehmung der Zeug*in in öffentlicher Verhandlung entbehrlich machen.

Öffentlichkeitsausschluss

Ist doch eine Zeugenvernehmung in der grundsätzlich öffentlichen Hauptverhandlung erforderlich, bietet §171b GVG die Möglichkeit eines zeitweisen Ausschlusses der Öffentlichkeit. Die Norm greift ein, wenn im Rahmen der Zeugenvernehmung Themen aus dem persönlichen Lebensbereich zur Sprache kommen. Bei minderjährigen Zeug*innen in Verfahren wegen Sexualdelikten, Tötungsdelikten, Misshandlung von Schutzbefohlenen oder gravierenderen Freiheitsdelikten ist der Öffentlichkeitsausschluss vom Gesetz sogar als Regelfall vorgesehen, §171b Abs. 2 GVG. Teils ist das Gericht auf Antrag sogar verpflichtet, die Öffentlichkeit auszuschließen, §171b Abs. 3 GVG.

Adhäsionsverfahren

Beispiel

O wurde mit dem Fahrrad von der unachtsamen SUV-Fahrerin F angefahren und schwer verletzt. O konnte für vier Wochen nicht arbeiten und leidet bis heute als Folge der Verletzungen an Schmerzen im Rückenbereich. Gegen die mehrfach einschlägig vorbestrafte F läuft deshalb ein Strafverfahren wegen fahrlässiger Körperverletzung. O überlegt, wie er seine Ansprüche gegen F am besten geltend machen kann.

Verletzte haben oft zivilrechtliche Ansprüche gegen die Täter*in. Im Strafverfahren spielen diese an sich keine Rolle. Hier geht es einzig um die strafrechtliche Aufarbeitung des Sachverhalts und die Frage der schuldangemessenen Bestrafung der Täter*in. Abhilfe soll das sog. Adhäsionsverfahren schaffen. Gemäß §403 StPO kann die durch eine Straftat verletzte Person vermögensrechtliche

Schadensersatzansprüche, die durch die Tat entstanden sind, direkt im Rahmen des Strafverfahrens geltend machen. Es entfällt also ein mühsamer weiterer Prozess vor einem Zivilgericht. Vielen Opfern ist der Unterschied zwischen Zivil- und Strafprozess nicht bewusst oder sie kennen zumindest nicht die Möglichkeiten, die ein Adhäsionsverfahren bietet.

Im Beispielsfall würde im Strafverfahren gegen F lediglich über deren Strafe verhandelt. Wenn O seine Schadensersatzansprüche geltend machen will, muss er dazu F in einem separaten Verfahren vor dem Zivilgericht verklagen. Er kann aber auch einen Adhäsionsantrag im Strafverfahren stellen. Es gäbe dann nur einen Prozess. Allerdings können Gerichte Adhäsionsanträge mit der Begründung ablehnen, dass das Strafverfahren für die Geltendmachung ungeeignet ist, § 406 Abs. 1 S. 3 StPO. Von dieser Vorschrift machen Gerichte relativ häufig Gebrauch. Auch in unserem Beispielsfall muss O damit rechnen, dass das Gericht nicht über den Adhäsionsantrag entscheidet. Dieser würde zu einer deutlich umfangreicheren Beweisaufnahme führen, da die Höhe der Schadensersatzansprüche exakt bestimmt werden muss. Für das Strafverfahren wäre das nicht erforderlich. Allerdings bestünde zumindest die Möglichkeit über das Bestehen von Schadensersatzansprüchen dem Grunde nach zu entscheiden. Dann müsste O zwar dennoch ein Zivilverfahren gegen F anstrengen. In diesem ginge es aber nicht mehr um die Frage, ob O Schadensersatzansprüche hat, sondern nur noch wie hoch diese konkret sind.

5.5. Jugendstrafrecht

Viele Tätigkeitsfelder in der Sozialen Arbeit haben Berührungspunkte mit dem Jugendstrafrecht. Nicht nur klassisch in der Jugendhilfe im Strafverfahren, sondern auch in anderen Tätigkeitsbereichen im Jugendamt, bei der Betreuung von Jugendlichen in ambulanten Einrichtungen, Drogenberatungsstellen etc. sind Grundkenntnisse des Jugendstrafrechts essenziell.

Zunächst muss man sich bewusst sein, dass das Jugendstrafrecht – anders als diese übliche Bezeichnung vielleicht suggeriert – kein vollständiges eigenes Strafrechtssystem für Jugendliche ist, sondern für Jugendliche und Heranwachsende die gleichen Straftatbestände gelten wie für Erwachsene. Das Sanktionssystem unterscheidet sich jedoch erheblich. Bei Jugendlichen gelten nicht die im Strafgesetzbuch oder strafrechtlichen Nebengesetzen angeordneten Strafrahmen, sondern es greifen die Sanktionsmöglichkeiten des Jugendgerichtsgesetzes (JGG). Zudem gibt es im Jugendstrafrecht einige Anpassungen für das Strafverfahren, insbesondere finden die Verhandlungen unter Ausschluss der Öffentlichkeit statt.

5.5.1. Anwendungsbereich des Jugendstrafrechts

Eine der Fragen, die sich im Jugendstrafrecht häufig stellt, ist, ob überhaupt eine strafrechtliche Verfolgung der minderjährigen Person möglich ist.

Beispiel

Die für ihr Alter überdurchschnittlich reife und weitentwickelte 13-järige A entwendet in einem Drogeriegeschäft Schminkartikel. Ihr deutlich entwicklungsverzögerter 14-jähriger Bruder B bekommt in einer Chatgruppe von einem Schulfreund ein Bild mit kinderpornographischem Inhalt geschickt. B sieht das Bild, das aufgrund der Einstellungen bereits auf sein Smartphone geladen worden ist, beachtet es dann aber nicht weiter und löscht es auch nicht.

Zwar kann man davon ausgehen, dass A begreift, dass ihr Handeln nicht in Ordnung ist und einen Diebstahl darstellt. Dennoch kann sie dafür nicht strafrechtlich belangt werden. Erst ab Vollendung des 14. Lebensjahres tritt Strafmündigkeit ein.

Schwieriger ist der Fall bei B zu bewerten. Dieser ist 14 Jahre alt und damit strafmündig. Jedoch schränkt § 3 JGG dies insofern ein, dass ein Jugendliche*r nur dann strafbar ist, wenn er zur Zeit der Tat nach seiner sittlichen und geistigen Entwicklung reif genug ist, das Unrecht der Tat einzusehen und nach dieser Einsicht zu handeln. Daran bestehen hier erhebliche Zweifel. B ist gerade erst 14 Jahre alt und somit vom Alter her nah an der Strafmündigkeitsgrenze. Er weist eine erhebliche Entwicklungsverzögerung auf. Zwar erfüllt sein Handeln nach der Rechtsprechung den Tatbestand des § 184b StGB (Besitz kinderpornographischer Schriften). Es ist aber für einen juristischen Laien nicht völlig selbstverständlich, dass das bloße Unterlassen des Löschens eines automatisch gespeicherten Bildes bereits den Straftatbestand erfüllt (dies ist selbst unter Rechtswissenschaftler*innen umstritten). Insgesamt sprechen diese Punkte dafür, dass B hier noch nicht in der Lage war, die Strafbarkeit seines Handelns zu erkennen und er daher nicht strafrechtlich verfolgt werden kann.

Jugendstrafrecht findet bei Jugendlichen also für Personen bis zu einem Alter von 17 Jahren Anwendung. Entscheidend ist dabei (wie auch bei der Strafmündigkeit) das Alter zum Tatzeitpunkt. Deshalb kommt es vor, dass sich über 90-Jährige, denen Mord vorgeworfen wird, vor einer Jugendstrafkammer verantworten müssen und auch bei diesen noch Jugendstrafrecht zur Anwendung kommt.

Aber auch Heranwachsende (18–20 Jahre) können unter bestimmten Umständen nach Jugendstrafrecht sanktioniert werden. Die zentrale Norm ist § 105 JGG. Jugendstrafrecht ist danach für Heranwachsende anzuwenden, wenn sie entweder nach ihrer sittlichen und geistigen Entwicklung einem/r Jugendlichen gleichstehen (§ 105 Abs. 1 NR. 1 JGG) oder wenn es sich um eine sog. Jugendverfehlung handelt (§ 105 Abs. 1 Nr. 2 JGG).

Beispiel

C und D überfallen gemeinsam eine Tankstelle. C ist gerade 18 geworden, wohnt bei seinen Eltern und geht noch zur Schule. D hingegen ist Mitte 20, hat bereits eine Lehre abgeschlossen, ist voll berufstätig und lebt bereits seit drei Jahren allein in seiner eigenen Wohnung. Während C's Hauptmotiv für die Tat war, seinen älteren Freund D nachzueifern und nicht zu enttäuschen, wollte D mit dem Überfall sein neues Auto finanzieren.

In diesem Beispiel spricht alles dafür, dass bei C noch Jugendstrafrecht zur Anwendung kommt. Er ist Heranwachsender, steht aber in seiner Entwicklung eher noch einem Jugendlichen gleich. Anders wäre es bei D zu beurteilen. Auch dieser ist zwar gerade noch Heranwachsender, er ist von seiner geistigen und sittlichen Reife aber als Erwachsener zu behandeln.

Beispiel

Die sehr reif und erwachsen wirkende E lässt sich an ihrem 20. Geburtstag von ihren Freundinnen dazu überreden, als „Mutprobe" ein Tempo-20-Schild abzuschrauben und mitzunehmen.

Auch wenn E von ihrer geistigen und sittlichen Reife her einer erwachsenen Person gleichsteht, wäre hier Jugendstrafrecht anzuwenden. Eine Mutprobe wie das Abmontieren eines Verkehrsschildes stellt eine typische Jugendverfehlung dar, sodass § 105 Abs. 1 Nr. 2 JGG greift.

5.5.2. Jugendstrafrechtliche Sanktionen

Während als Sanktionen im Erwachsenenstrafrecht in erster Linie Geld- und Freiheitsstrafe zur Verfügung stehen, ist das jugendstrafrechtliche System deutlich flexibler und vielseitiger. Es lässt sich grob in drei Arten von Sanktionen differenzieren: Erziehungsmaßregeln, Zuchtmittel und Jugendstrafe. Dabei ist nur die Jugendstrafe eine „echte" Kriminalstrafe. Erziehungsmaßregeln und Zuchtmittel hingegen sollen aus Anlass der Straftat Erziehungsdefizite ausgleichen. Erziehungsmaßregeln dienen ausschließlich erzieherischen Zwecken, wohingegen Zuchtmittel einen strafenden Charakter haben. Im Mittelpunkt steht aber im gesamten jugendstrafrechtlichen Sanktionssystem der Erziehungsgedanke. Es geht also nie in erster Linie um Bestrafung oder Abschreckung, sondern der Fokus ist stets darauf gerichtet, die minderjährige Täter*in zu unterstützen und zu einem straffreien Leben anzuleiten.

Als Erziehungsmaßregeln stehen Weisungen und Hilfen zur Erziehung zur Verfügung. Der Gesetzgeber hat zwar exemplarisch eine Reihe möglicher Weisungen genannt (vgl. § 10 Abs. 1 JGG). Die dortige Aufzählung ist aber nicht abschließend. Jugendrichter*innen können Weisungen „erfinden". So wurde z. B. einem Fan des FC Bayern München, der einem Anhänger des rivalisierenden TSV 1860 München dessen Trikot zerrissen hatte, die Weisung erteilt, persönlich in einen Fanshop des TSV 1860 zu gehen und dem Verletzten ein neues Trikot zu kaufen. Gerade diese enorme Flexibilität und Individualisierbarkeit von Sanktionen macht einen großen Vorteil des Jugendstrafrechts aus.

Hilfen zur Erziehung richten sich in erster Linie an die Erziehungsberechtigten und sollen eine Unterstützung bieten. Hier wird besonders deutlich, dass das Jugendstrafrecht den Fokus nicht auf das Bestrafen, sondern das Erziehen legt.

Zuchtmittel (Verwarnung, Auflagen und Jugendarrest) werden in den §§ 13 ff. JGG genannt. Verwarnungen sind quasi der erhobene Zeigefinger. Dem/der Jugendlichen soll das Unrecht der Tat eindringlich vorgehalten werden, § 14 JGG. Eine sehr häufig angeordnete Sanktion sind Auflagen (§ 15 JGG), etwa eine Entschuldigung beim Opfer oder die Ableistung von Sozialstunden. Weitere mögliche Auflagen sind in § 15 JGG aufgeführt.

Die massivste Maßnahme vor der Verhängung einer Jugendstrafe ist der Jugendarrest. Der kurzzeitige Freiheitsentzug soll den/die Jugendliche*n nachdrücklich beeindrucken. Diese Maßnahme wird von einigen Wissenschaftler*innen kritisch gesehen, weil statt der beabsichtigten Abschreckung auch das Gegenteil bewirkt werden kann, wenn die jugendliche Person den Eindruck gewinnt, eine Gefängnisstrafe sei gar nicht so schlimm, oder der Aufenthalt im „Knast" vom Umfeld der Person gar als „cool" wahrgenommen wird. Zudem geht mit dem Jugendarrest – insbesondere, wenn er zu Schulausfällen führt – eine erhebliche Stigmatisierung einher.

Die Jugendstrafe wiederum ist eine echte Kriminalstrafe. Dennoch wird der Erziehungsgedanke nicht völlig aufgegeben. Auch die Jugendstrafe soll stets erzieherisch sinnvoll sein. Ob dies in der Praxis immer der Fall ist, darf durchaus bezweifelt werden. Voraussetzungen für die Verhängung einer Jugendstrafe sind entweder das Vorliegen „schädlicher Neigungen", die in der Tat hervorgetreten sind, oder die Schwere der Schuld.

Genau wie im Erwachsenenstrafrecht gibt es auch im Jugendstrafrecht die Möglichkeit der Aussetzung der Jugendstrafe zur Bewährung. Allerdings sind die Voraussetzungen für eine Bewährung im Jugendstrafrecht niedriger, vgl. § 21 JGG. Ist nicht eindeutig feststellbar, ob schädliche Neigungen vorliegen oder nicht, kann das Gericht die Schuld feststellen, aber die Entscheidung, ob eine Jugendstrafe verhängt werden muss, zurückstellen und dem/der Jugendlichen die Chance geben, sich zu bewähren (§ 27 JGG).

5.5.3. Prozessuale Besonderheiten im Jugendstrafrecht

Die §§ 33 ff. JGG beinhalten eine Reihe von Anpassungen des Strafverfahrens. Hervorzuheben ist hier vor allem die Ausnahme vom Öffentlichkeitsgrundsatz im Strafverfahren bei Verfahren gegen Jugendliche. Verfahren im Jugendstrafrecht sind grundsätzlich nichtöffentlich. Allerdings ist den Erziehungsberechtigten nicht nur die Anwesenheit gestattet, sondern sie können auch selbst Stellung beziehen.

In der Regel richtet sich die örtliche Gerichtszuständigkeit im Jugendstrafverfahren nicht nach dem Tatort (so bei Erwachsenen), sondern dem Wohnort der/des Jugendlichen. Der Vorteil ist, dass bei wiederholten Auffälligkeiten meist dasselbe Gericht zuständig ist, das die Entwicklung des/der Jugendlichen kennt und daher angepasster reagieren kann.

Sowohl Jugendrichter*innen als auch Jugendstaatsanwält*innen sollen den besonderen Anforderungen des Jugendstrafverfahrens genügen. Was das genau bedeutet, sagt das Gesetz zwar nicht. Es wird aber in der Praxis eine gewisse Mindesterfahrung vorausgesetzt. Im Jugendstrafverfahren existieren umfangreichere Möglichkeiten, Verfahren aus Opportunitätsgründen einzustellen, vgl. §§ 45, 47 JGG. Auch vor Gericht sind Verfahrenseinstellungen keine Seltenheit.

Eine wesentliche Besonderheit im Jugendstrafverfahren ist schließlich die Beteiligung der Jugendgerichtshilfe. Dazu gleich noch mehr im nächsten Abschnitt.

5.5.4. Aufgaben der Jugendhilfe im Strafverfahren

Die Aufgaben der Jugendgerichtshilfe sind in § 38 JGG geregelt. Sie soll einerseits den/die Jugendliche*n unterstützen, zugleich bei der Durchführung von Weisungen oder Auflagen helfen und kontrollieren und zudem dem Gericht helfen wichtige Informationen zu Persönlichkeit und Lebensumständen des/der Jugendlichen zu erlangen.

Dieses breite Aufgabenspektrum bringt die Jugendgerichtshilfe zwangsläufig in ein Dilemma. Um den Jugendlichen auf seinem Weg in die Straffreiheit zu unterstützen ist ein hohes Maß an Vertrauen nötig. Gleichzeitig werden aber auch ein Erforschen der Situation für das Gericht und teils Kontrollaufgaben erwartet, was eine Vertrauensstellung schnell konterkarieren kann.

Es wird daher immer wieder diskutiert, ob dieser Konflikt durch Änderungen der Aufgabenzuweisung der Jugendgerichtshilfen entschärft werden sollte.

5.6. Verhalten von Sozialarbeiter*innen im strafrechtlichen Kontext

Nachdem Sie die Grundzüge des Strafrechts und den Ablauf eines Strafverfahrens kennengelernt haben, soll noch auf zwei typische strafrechtliche Problemstellungen eingegangen werden, mit denen Sozialarbeiter*innen in der Praxis konfrontiert werden.

Bei der Beratung von Klient*innen kommt es vor, dass Sie Informationen erhalten, die auf ein strafbares Verhalten hindeuten. Hier stellt sich die Frage, ob Sie verpflichtet sind, derartige Informationen an die Strafverfolgungsbehörden weiterzugeben. Bei der Antwort auf diese Frage muss unterschieden werden zwischen der Pflicht, aktiv einen Sachverhalt anzuzeigen, und der Pflicht, im Rahmen einer Zeugenvernehmung Angaben zu tätigen.

Eine Pflicht, aktiv ein geplantes strafbares Verhalten anzuzeigen, besteht grundsätzlich nur bei besonders schwerwiegenden Straftagen, insbesondere bei Tötungsdelikten, Raub oder Brandstiftung. Eine Liste der anzeigepflichtigen Taten findet sich in § 138 StGB. Wird in einem solchen Fall die geplante Tat nicht angezeigt, stellt dies nach § 138 StGB eine Straftat dar. In der Vergangenheit liegende, abgeschlossene Straftaten, müssen hingegen in aller Regel nicht angezeigt werden. Allerdings stellt jede Unterstützung dahingehend, dass eine Person, die eine Straftat verübt hat, sich der Strafe entzieht, eine Strafvereitelung gem. § 258 StGB dar. Davon nicht erfasst ist die Unterstützung bei der zulässigen Verteidigung, insbesondere dürfen Klient*innen natürlich auf das Beschuldigtenrecht, wie z. B. das Recht zu schweigen, hingewiesen werden.

In Bezug auf die Pflicht, im Rahmen von Zeugenvernehmungen auszusagen, gelten für Sozialarbeiter*innen grundsätzlich keine Sonderregeln. Das bedeutet, dass alle Fragen beantwortet werden müssen, auch wenn dies von Klient*innen als Vertrauensbruch empfunden werden sollte. Über ein Zeugnisverweigerungsrecht verfügen lediglich Berater*innen in den Bereichen Suchtberatung und Schwangerschaftskonfliktberatung (§ 53 Abs. 1 S. 1 Nr. 3a u. 3b StPO).

Ein weiteres Problem mit strafrechtlichem Bezug stellt sich in Bezug auf die Weitergabe persönlicher Informationen. Im Rahmen der verschiedenen Tätigkeiten im Bereich der Sozialen Arbeit erhalten Mitarbeiter*innen häufig private, nicht öffentlich bekannte Informationen über Klient*innen. Die Offenbarung privater Geheimnisse stellt für staatlich anerkannte Sozialpädagog*innen eine Straftat dar (§ 203 Abs. 1 Nr. 6 StGB). Problematisch kann es auch sein, nicht gesicherte Informationen („Gerüchte“) über eine Person weiterzuverbreiten, selbst wenn dies in bester Absicht geschieht.

Beispiel

Der staatlich anerkannte Sozialpädagoge T ist als Streetworker tätig und erfährt von einem Jugendlichen, dass dieser „über Ecken" gehört habe, dass Herr D gelegentlich seine Kinder verprügele. Da T weiß, in welchen Kindergarten die Kinder von Herrn D gehen, gibt er dort informell den Erzieher*innen Bescheid und bittet sie, besonders auf die Kinder von Herrn D zu achten.

In diesem Beispiel besteht die Gefahr, dass sich T einer üblen Nachrede gem. § 186 StGB strafbar gemacht hat, indem er eine Tatsachenbehauptung über Herrn D weiterverbreitet hat, deren Wahrheit er möglicherweise nicht beweisen kann. Statt sich hier direkt an die Erzieher*innen zu wenden und ein unbestätigtes Gerücht weiterzugeben, hätte sich T als staatlich anerkannter Sozialpädagoge z. B. gem. § 4 Abs. 2 KKG zunächst an das Jugendamt wenden und sich zum weiteren Vorgehen beraten lassen können.

Sachverzeichnis

A

Abschreckung 132
Abstraktionsprinzip 24
Akkusationsprinzip 157
Allgemeinverfügung 101, 103
Altersgrenze 28, 41, 53, 169
Amtsermittlung 42
Amtsgericht 43
Anfangsverdacht 161
Anfechtung 29, 33
Anfechtungsklage 114, 115
Angebot 32
Angeklagter 159
Angemessenheit 75
Anklage 162
Arbeitnehmerhaftung 48
Arbeitslosenversicherung 125
Arbeitsrecht 45
Arbeitsvertrag 47
Auslegung 17, 29
Ausschlussfrist 49

B

Barunterhalt 59
Behörde 99
Berufung 165
Beschuldigter 159
Betäubungsmitteldelikte 151
Betreuer*in 64
Betreuerbestellung 65
Betreuung 64
Betreuungsanregung 65
Betreuungsrecht 64
Betreuungsverhältnis 66
Betreuung- Anordnung 65
Betreuung- Aufhebung 67
Betriebsrat 46
Bewährungsstrafe 154
Beweislast 36
Bundesgesetz 12
Bundesorgane 82
Bundespräsident*in 83
Bundesrat 83
Bundesrecht 12, 78
Bundesregierung 83
Bundesrepublik Deutschland 11, 12
Bundesstaatsprinzip 78
Bundestag 82
Bundesverfassungsgericht 83
Bundesverwaltung 100
Bürgergeld 128
Bürgerliches Gesetzbuch 25
Bürgerliches Recht 15, 23, 25

D

Dauerschuldverhältnis 34
Deal 165
Deliktsrecht 40
Demokratieprinzip 70
Dienstvertrag 47
Differenzhypothese 37
Disponibles Recht 23
Doppelbestrafungsverbot 134
Drogendelikte 151

E

Ehe 52
Einstellung 163
Elterliche Sorge 60
Erfüllung 33
Erfüllungsgeschäft 24

Erkenntnisverfahren- in Strafsachen 160
Erklärungstatbestand 29
Ermittlungsverfahren 160
Erwerbsobliegenheit 59
Europäische Union 12

F

Fahrlässigkeit 139
Faktische Lebensgemeinschaft 56
Fallbearbeitung 19, 21
Feststellungsklage 114, 119
Fortsetzungsfeststellungsklage 118
Freiheitsstrafe 153

G

Garantenstellung 52, 138, 145
Geldstrafe 155
Geschäftsfähigkeit 64
Geschäftswillen 28
Gesellschaftsvertrag 26
Gesetzesvorbehalt 73, 98, 104
Gesetzlicher Güterstand 53
Gesetzlicher Richter 159
Gestaltungsklage 114
Gewährleistung 23, 38
Gewaltenteilung 81
Gleichheitsgrundsatz 91
Grundgesetz 12
Grundrechte 16, 85
Gutachtenstil 19, 21
Gütertrennung 53

H

Handlungswillen 28
Hauptleistungspflicht 35, 48
Hauptverhandlung 163
Heranwachsende 169
Hoheitliche Maßnahme 102

I

Individualarbeitsrecht 45
Innerbetrieblicher Schadensausgleich 48
Irrtum 28, 146

J

Jugendarrest 171
Jugendgerichtshilfe 172
Jugendrichter*in 172
Jugendstaatsanwält*in 172
Jugendstrafe 171
Jugendstrafrecht 168
Juristische Person 26, 30

K

Kaufvertrag 20, 32
Kindeswohlgefährdung 63
Koalitionsfreiheit 45
Kollektivarbeitsrecht 45
Kommunale Selbstverwaltung 84
Konkludentes Handeln 24, 30, 102
Körperverletzung- einfache 142
Krankenversicherung 123
Kündigung 34, 39, 46, 50
Kündigungsschutz 50
Kurzarbeitergeld 125

L

Landesrecht 78
Landesverwaltung 100
Landgericht 43
Lebensgemeinschaft 56
Legalitätsprinzip 157
Leihmutterschaft 60
Leistungsklage 114, 118
Leistungsverwaltung 99

M

Mahnbescheid 44
Mahnverfahren 44
Maßregelvollzug 156
Methodenlehre 17
Mietvertrag 39

Mittelbare Staatsverwaltung 84
Modifizierte Subjektstheorie 102
Mord 140
Mündlichkeitsgrundsatz 159

N

Nachehelicher Unterhalt 58
Nacherfüllung 38
Naturalrestitution 37
Nebenkläger 159
Nebenpflicht 35
Neulieferung 38
Norm 11, 13, 17, 25
Normenhierarchie 12

O

Obersatz 20
Objektiver Empfängerhorizont 29, 31
Öffentlich-rechtlicher Vertrag 111
Öffentliches Recht 15, 16
Öffentlichkeitsgrundsatz 159, 172
Offizialprinzip 157
Opferentschädigung 126
Opferschutz 166

P

Pfändungsfreigrenze 44
Pflegeversicherung 123
Prävention 132
Privatautonomie 23
Prozesskostenhilfe 43

R

Raub 148, 173
Realakt 109
Rechtsbindungswillen 28
Rechtsfähigkeit 26
Rechtsfolge 13, 28
Rechtsgeschäft 28
Rechtskraft 43
Rechtsmittel 43, 165
Rechtssicherheit 28, 76
Rechtsstaatsprinzip 73, 104
Rechtsverordnung 111
Religionsfreiheit 91
Rentenversicherung 124
Republikprinzip 70
Resozialisierungsprinzip 133
Revision 165
Rücknahme 107
Rücktritt 34

S

Sachmangel 38
Sanktionen 152, 170
Satzung 111
Schadensersatz 36
Scheidung 55
Scheinselbständigkeit 47
Schlüssiges Handeln 30, 102
Schöffe 164
Schuld 136
Schuldhaftes Handeln 36
Schuldprinzip 133
Sekundärviktimisierung 166
Sexualdelikte 149
Sittenwidrigkeit 23
Sozialgerichtsbarkeit 113
Sozialrecht 16, 121
Sozialstaatsprinzip 79
Sozialversicherungen 122
Staatsorganisationsrecht 16, 69
Staatsverwaltung 84
Steuerrecht 16
Strafbefehl 162
Strafe 152, 170
Strafmündigkeit 169
Strafprozess 157
Strafrecht 15, 17, 131
Subordinationstheorie 102
Subsumtion 17, 20

T

Tatbestand 13, 28, 134

Täterschaft 139
Tatverdacht 161
Tatverdacht- dringender 162
Teilnahme 139
Titel 44
Totschlag 140
Tötungsdelikte 140, 173
Trennungsjahr 55
Trennungsprinzip 24
Trennungsunterhalt 58

U

Ultima-ratio-Prinzip 133
Unerlaubte Handlung 40
Unfallversicherung 124
Ungleichbehandlung 91
Unmittelbare Staatsverwaltung 84
Unmittelbarkeitsgrundsatz 159
Unterbringung 67
Unterhalt 54, 57
Unterlassen 137
Untervollmacht 31
Urteilsstil 19, 21

V

Vaterschaftsanfechtung 61
Verfallsfrist 49
Verfassungsbeschwerde 84
Verfassungsrecht 69
Vergewaltigung 149
Vermögensschaden 40
Verpflichtungsgeschäft 24
Verpflichtungsklage 114, 116
Verschulden 36, 49
Verständigung 165
Versuch 137
Vertrag 32
Vertragsfreiheit 23, 41
Vertreter 30
Vertreter ohne Vertretungsmacht 32
Vertretungsmacht 30
Verwaltungsprozessrecht 113
Verwaltungsrecht 97
Verwaltungsrechtsweg 113
Verwaltungsvorschriften 112
Videovernehmung 167
Vollmacht 31
Vollstreckungsbescheid 44
Vollstreckungsverfahren- in Strafsachen 160

W

Wesentlichkeitstheorie 74
Widerruf 34
Widerruf- von Verwaltungsakten 108
Widerspruchsverfahren 115
Willensbildung 64
Wohnraummiete 39, 43

Z

Zeugnisverweigerungsrecht 173
Zitierweise 14
Zivilprozessrecht 41
Zivilrecht 15, 23
Zivilverfahren 42
Zugewinnausgleich 54, 56
Zugewinngemeinschaft 53
Zwangsmittel 161
Zwingendes Recht 23

Literaturverzeichnis

1. Juristische Methodik, Subsumtionstechnik

Bydlinski, Peter, Grundzüge der juristischen Methodenlehre, 4. Aufl., Wien 2023
Herresthal/Weiß, Fälle zur Methodenlehre: Die juristische Methode in der Fallbearbeitung, 2. Aufl., München 2023
Hütwohl, Mathias, Einführung in das Recht: Grundzüge des Rechtssystems und der Rechtsmethodik, 2. Aufl., München 2022
Puppe, Ingeborg, Kleine Schule des juristischen Denkens, 5. Aufl., Göttingen 2023

2. Zivilrecht

Brömmelmeyer, Christoph, Schuldrecht Besonderer Teil, 6. Aufl., Baden-Baden 2023
Brox/Walker, Allgemeiner Teil des BGB, 47. Aufl., München 2023
Führich, Ernst, Wirtschaftsprivatrecht, 14. Aufl., München 2022
Junker, Abbo, Grundkurs Arbeitsrecht, 22. Aufl. München 2023
Klunzinger, Eugen, Einführung in das Bürgerliche Recht, 17. Aufl., Baden-Baden 2019
Köhler, Helmut, BGB Allgemeiner Teil, 47. Aufl. München 2023
Kral, Walter/Thiel, Silvia, Familienrecht, 28. Aufl., Pegnitz 2023
Krause, Rüdiger, Arbeitsrecht, 4. Aufl., Baden-Baden 2020
Looschelders, Dirk, Schuldrecht AT, 21. Aufl., München 2023
ders., Schuldrecht BT, 18. Aufl., München 2023
Medicus/Petersen, Bürgerliches Recht, 29. Aufl., München 2023
Münder, Johannes/Ernst, Rüdiger/Behlert, Wolfgang/Tammen, Britta, Familienrecht für die Soziale Arbeit, 8. Aufl., Baden-Baden 2022
Musielak, Hans-Joachim/Voit, Wolfgang, Grundkurs ZPO, 16. Aufl., München 2022
Röchling, Walter, Grundlagen und Schwerpunkte des Betreuungsrechts für die Soziale Arbeit, Weinheim, Basel 2023

3. Verfassungsrecht

Degenhart, Christoph, Staatsrecht I. Staatsorganisationsrecht, 39. Aufl., Heidelberg 2023
Ipsen, Jörg, Staatsrecht II, 24. Aufl., München 2021
Kingreen, Thorsten/Poscher, Ralf, Grundrechte Staatsrecht II, 39. Aufl., Heidelberg 2023
Maurer, Hartmut/Schwarz, Kyrill-Alexander, Staatsrecht I, 7. Aufl., München 2023

4. Verwaltungs- und Sozialrecht

Eichenhofer, Eberhard, Sozialrecht, 12. Aufl., Tübingen 2021
Kokemoor, Axel, Sozialrecht, 10. Aufl., München 2022
Martini, Mario, Verwaltungsprozessrecht und Allgemeines Verwaltungsrecht, 7. Aufl., München 2023
Maurer, Hartmut/Waldhoff, Christian, Allgemeines Verwaltungsrecht, 20. Aufl., München 2020

Patjens, Rainer, Sozialverwaltungsrecht für die Soziale Arbeit, 3. Aufl., Baden-Baden 2022
Reinhardt, Jörg, Grundkurs Sozialverwaltungsrecht für die Soziale Arbeit, 3. Aufl., München 2023
Sommer, Irene, Lehrbuch Sozialverwaltungsrecht, 2. Aufl., Weinheim, Basel 2015
Schmidt, Christopher, Kinder- und Jugendhilferecht: Lehr- und Praxisbuch, 2. Aufl., Weinheim, Basel 2021
Waltermann, Raimund/Schmidt, Benjamin/Chandna-Hoppe, Katja, Sozialrecht, 15. Aufl., Heidelberg 2022

5. Strafrecht

Beulke, Werner/Swoboda, Sabine, Jugendstrafrecht, 16. Aufl., Stuttgart 2020
Bierschenk, Lars/Koranyi, Johannes/Weikinger, Sebastian, Strafprozessrecht, 2. Aufl., Stuttgart 2023
Cornel, Heinz/Trenczek, Thomas, Strafrecht und Soziale Arbeit, Baden-Baden 2019
Niggli, Marcel A./Riedo, Christof/Fiolka, Gerhard/Muskens, Louis, Strafrecht BT, Basel 2023
Ostendorf, Heribert/Drenkhahn, Kirstin, Jugendstrafrecht, 11. Aufl., Baden-Baden 2022
Rengier, Rudolf, Strafrecht Allgemeiner Teil, 15. Aufl., München 2023
ders., Strafrecht Besonderer Teil I, 25. Aufl., München 2023
ders., Strafrecht Besonderer Teil II, 24. Aufl., München 2023
Wessels, Johannes/Beulke, Werner/Satzger, Helmut, Strafrecht Allgemeiner Teil, 53. Aufl., Heidelberg 2023